財存給
股新手的
翻滾筆記

小車 × 存股實驗 著

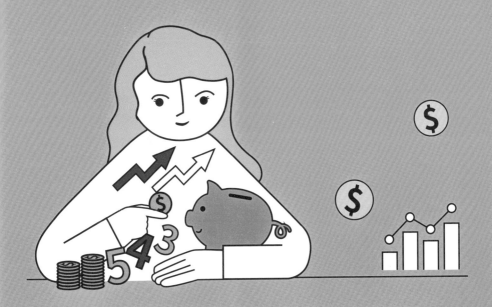

Top Tips on How to Store Financial Stocks

小車實驗！最省心的存股法

| 4月 | 5月 | 6月 | 7月 | 8月 | 9 |

前　置　期　　買

5

- 4～8月中，前置期，收兵不買
- 存錢作壁上觀，看子彈飛
- 6月起，記除息日、規畫買進
  張數

▶▶▶ **4**

金融股 **543** 規律

| 月 | 11月 | 12月 | 1月 | 2月 | 3月 |

進　　期　　　加　碼　　期

- 8 月中～ 12 月，買進期
- 除息當月，買完 4-8 月薪水閒錢
- 待股利入帳，逢低加碼

▶▶▶ **3**

- 1 ～ 3 月，加碼期
- 等全年 EPS 公布，估算股利
- 年終獎金最後加碼
- 等待配股配息公告

>> 詳情請參閱第 146 頁「存股小教室 12」

長期獲利才能賺得大、賺得久！

《股息 COVER 我每一天》作者
大俠武林

「財富追著財商跑」這句是大俠最常分享的一句話。

　　一個人在踏進棺材雙眼闔上之前，到底此生最終能累積到多少的財富？完完全全是跟這個人的財商有關。如果財富高過於財商？那麼市場上總會有數百種以上的方式，把超出投資人智慧以外的財富給收了回去，反之亦然。

　　很多剛進市場的投資新手，因為知識儲備量以及實戰經驗的不足，使得自己常發生該賺的沒賺到，不該去碰的卻又接到滿手。網路上消息多但有含金量的卻少，不過這也沒辦法，新手進場就是容易四處相信、再四處碰壁。

　　所以大俠時常推薦投資人多去閱讀，多去了解一些有硬核

內在的作者他們是如何選股？基本面判讀？佈局心法等經驗，更能幫助投資人做自我驗證，然後再透過實戰來建立出一套投資邏輯。

畢竟想要在股市中做到長期獲利，邏輯獨立性以及知識的儲備，才是不容易輕易受到他人影響的重要關鍵，把錢投入自己根本搞不清楚的標的上，或是隨意聽從市場消息導致誤判，把績優股砍在谷底又或者是砍在起漲點。

大俠在閱讀小車寄來的草稿時，看到書中不斷地強調長期持有、複利股息、股息複利的觀念。我相當認同此點，因為長期投資就是以不隨便把好公司、好資產賣掉為出發點，盡可能讓資金參與到完整的市場報酬，而不是整天猜高猜低的短線多空轉折。

大俠建議，長期投資不要老想著賺盡每一道轉折，也許投資人會想說在標的高漲 10% 時賣出，等下跌 10% 時再買回，這樣來回刷個幾次就能快速累積身家了。

但真實情況往往是，散戶賣掉後股價持續漲，漲到散戶受不了急急忙忙進場追回，追完之後股價又開始震盪，心態忍不住然後虧損出場，隔幾天又眼睜睜的看股價上漲。

這是散戶常有的心態，把原本可以賺到的報酬玩成了虧損，也千萬別說這種事情只會發生在波動較大的電子股上，其實連股性溫和的金融股，也能讓不少人玩到賠錢。

　　所以再次建議還在專心上班的投資人，真的不要花費心思自以為能賺進每一道轉折，如果您執意這樣想，那麼將會難以獲得市場上完整的長期報酬，因為沒有任何人能夠長期抓到每一道短期趨勢的！

　　而且短期交易非常不適合還在上班的 people，躲在廁所拿手機做當沖交易，不覺得很累嗎？而且搞不好當沖績效還輸給定期定額買績優股專心上班，原本是你同事，後來升官加薪變成天天狗幹你的主管。若是如此，那就好笑了。

　　「要賺，咱們就要賺得大賺得久，真的不用為了蠅頭小利開心得要死。」我們要做的不是看到短期有小獲利就出場，而是盡可能用數年來佈局、參與一間公司完整的成長報酬。就算佈局剛開始帳戶上有些未實現損益虧損也不必擔心，我們就拿配息以及每月工資剩餘閒錢，再進場回買做長線佈局即可。

　　投資要知道一個大觀念，那就是在資金效率市場中，良好的資產價格長線都是上漲的。

　　為何好的資產長期會漲？因為 Fed 聯準會不斷地重申：「貨幣政策是要支持美國經濟達到充分就業、與通膨長期均值維持 2.0% 的兩大目標。」這句話就在告訴投資人，沒事不要把資產換成長期保證貶值的現金。

　　投資人可以好好想一想，到底是資產價格在長時間下的通膨變成兩倍容易呢？還是投資人靠定存把現金變成兩倍容易？這粗淺道理應該不用大俠一而再再而三地寫文章，無窮迴圈地提示吧？

　　投資要務實一點，佈局時間拉長一點，用數年的時間來打好底子，逐漸把自己的現金轉化成資產的模樣，您會慢慢發現自己持有的資產市值，其年度成長上升的幅度，是會逐漸超越年薪的 1 倍、2 倍、再來 3 倍。

　　當獲利遠遠大於花費時，您會發現此時人生開始出現好幾道的選擇，但無論您的選擇是什麼，大俠相信讀者打造出的資產印鈔機一定會 cover 您滿滿，而這一切真的不需要什麼過於複雜的線型技術多空交替，只需投資人學會紀律地投資績優股。

大俠常講，長期投資不過就兩句話：
把每月工資剩餘閒錢持續投入，
把每次領到的股息持續再滾入。

就這樣起碼重複個 120 個月即可。

不要老覺得大俠總是在說廢話，因為這些廢話偏偏都能讓您長期賺到錢，如果您還是看不懂，那就隨時來私訊問小車或大俠，別客氣！把不懂之處問到懂為止。

為啥大俠這樣熱心呢？因為我始終認為在投資市場上「要賺，就要一起賺！」

大俠武林

■ 推薦序

慢慢存股，更快致富

「小資族的存股翻身記」版主
王鉢仁

首先非常榮幸為小車老師的新書寫推薦文，同樣身為小資族的我，能理解小資上班族長期低薪，又面臨物價持續飆升，通膨壓力之下，生活中感受到的痛苦與無奈。

還記得開始認識小車老師，是在她創立的理財粉專「小車 X 存股實驗」。由於她的熱忱及專業分析，加上淺顯易懂的觀念分享，造福不少有理財需求的小資族，因此短期內就累積了上萬粉絲。

投資獲利的方式很多，多數人選擇短線價差的方式獲取利潤，但是一般投資人根本無法精準預測漲跌，所以長期下來，靠此方式成功獲利的人可說少之又少。因此近年來，以挑選優質穩健的好公司，與其一同成長並領取股利，獲取合理報酬的存股方式，成為投資顯學。

小車老師明白小資上班族的收入微薄，又沒太多時間盯盤，因此以自身多年的存股經驗，獨創「金融股543規律」，掌握「前置、買進、加碼」三個時期，並提供五大選股策略，在四年之內，讓資產成長近40%。她以這樣的成功經驗，分享給廣大的讀者，希望能讓初踏入股市的投資人，少走許多冤枉路，並能因此順利達成人生的夢想藍圖。

　　多數投資人都想快速致富，卻常常白忙一場，甚至於一敗塗地。但其實投資的真諦就如同我的恩師華倫老師所說的：「慢慢來，比較快！」

　　存股雖然只求5～6%的合理報酬，但是長期的複利滾存之下，獲利卻是相當驚人。

　　能學得老師與達人的觀念心法，並「站在巨人的肩膀上」，與他們一同前進，未來的你，一定會感謝現在的自己！

　　知識就是力量，小車老師以小資族的微薄薪資，靠存股獲得財務上的成功，相信只要能學習她在書中闡述的觀念，你們一樣能複製成功者的模式，並翻轉未來人生。

■ 推薦序

助你輕鬆存股，不當待宰韭菜！

暢銷財商作家 /《存股輕鬆學 2》作者
孫太

很開心聽到小車出書的消息，真的是太恭喜了！

小車是存股界的新星，以非常快的速度崛起，每每閱讀她的文字，總令孫太如沐春風。小車跟孫太一樣，我們都著墨於投資金融股，而且都是「推廣財商觀念」的作家。

書中將投資金融股須留意之處寫得很清楚，比如：何時是買入的最佳時機？金融股有哪三大指標等等，都有詳細的案例說明，幫助小資族快速了解金融產業。此外，也有提到如何管理薪資和購物滅火三招等，滿載實用的理財撇步。

我也很喜歡「如何增加存股動力」這個章節，因為存股是條既漫長又無趣的道路，所以如何邊存股邊找樂趣，就顯得格

外重要。卡關當下若能從中看到一個好點子或好方法,在關鍵時期帶來一個念頭的轉換、明確的思維或做法上的提點,都能讓人感到醍醐灌頂。這些內容對於剛踏入存股的小資族來說,應該蠻有助益的。

此外,其中引用自《巴菲特寫給股東的信》的一句話「很多學者覺得我們投資太集中,風險高,我們不認同,我相信反而集中投資在精挑細選的好公司,才能降低風險!」孫太極為認同這點。

因為我就是早年專注在金融股上,精挑細選後才研發了存股 SOP 倍數表,從 200 萬慢慢存到現在的 2,600 萬。這 7 年來經歷過的一切,唯有在深入了解財商觀念之後,才知道其實風險不高。

現在是資訊氾濫的時代,而人又善於群居,所以特別容易受他人影響導致裹足不前。書中用聾青蛙的故事來比擬投資這點實在深得我心,如何不受外界雜訊的干擾,真的是門學問。

那麼怎麼做才能達到如此境界?書中自有黃金屋是真的,推薦大家藉由閱讀拓展新視野。

　　最後，孫太祝福大家跟小車學習如何「當顆不動如山的大樹，而非一株隨風搖曳的韭菜」，一起存股輕鬆學、輕鬆學存股。

　　市面上的投資書汗牛充棟，小車的新作，談論的不單單只有存股，還有存股期間會遇到的心路歷程，內容極真誠且淺顯易懂，真心推薦給大家，一起舉杯敬此刻的美好。

■ 前 言

存股不是一夜暴富的神話故事，而是讓人安心的投資日常。

　　你曾因為買賣股票經常提心吊膽、夜不成眠嗎？你曾在股市裡與人拚搏多年，最終黯然虧損離場嗎？如果你想擺脫這樣長期焦慮不安、賺少賠多的零和遊戲，或許可以嘗試看看另一種投資方式——存股。

　　「存股」無法快速令人致富，卻是一種不必整日在股市裡買低賣高、輕鬆上手、穩健，讓人可以安心專注本業和經營生活的投資方式。

踏上存股之路

　　我是個很平凡的上班族，年齡落在七年級前段班，每日做著一成不變的工作，月月領著萬年不漲的薪水。是什麼樣的契機，引領我走上「存股」這條路呢？請聽我娓娓道來：

　　30 歲以前，我的投資觀念和社會上大多數人一樣，十分保守，工作存下來的錢只會放在定存與儲蓄險。直到 30 歲那年，我的父親因病去世，留下一筆股票資產，身為家中獨女，只能繼承並開始學習管理這些股票。也許你會覺得羨慕，但是如果人生可以重新選擇，我情願父親能多陪家人久一點。

　　自 2013 年開始，接手父親「南亞」、「亞泥」這 2 檔股票，突然當了「股二代」的我，當時其實對股票一知半解，為了不貿然賠光資產，決定帳戶內的股票只進不出，將每年得到的股利持續投入股市，買進相同的股票，或者挪出小筆金額，嘗試當下較流行的配息標的。2013 ～ 2016 年之間，我持續用股利買進股票，換來股利的微幅成長。由於金額不多，始終不以為意。只有在每年 7、8 月領取股利時，當成一種小確幸罷了！

　　直到 2017 年，「南亞」走出長達四年的景氣低期，獲利大爆發，一股配了 4.5 元，那一年我的股利所得暴增，幾乎等於薪資年收入的三分之一。這筆金額對一位平凡上班族來說，已經不僅是小確幸，而是讓人無法忽視的存在了。

　　在股市初嘗碩果後，我不禁思考：既然股利收入堪比薪資所得的三分之一，倘若每年除了投入原本的股利，再加上自身的薪資閒錢及多年積蓄買進、加速張數累積，假以時日，我的

股利是不是就能等於年收入了？到時上班將成為交朋友的休閒，而非為五斗米折腰的苦差事，這樣不知該有多愜意！

於是我開始閱讀以「股利」為主要獲利方式的書籍（不做價差），其中《6 年存到 300 張股票》是我的投資啟蒙導師。而且讀過後才知道，原來我這些年在做的事情就叫「存股」。

4 年存股實驗，總投入金額成長 40%

2018 年以後，我每年除了投入父親股票所配發的股利外，也投入自己的積蓄買股做實驗，想印證這種操作方式，能否和父親及存股達人一樣，成功為自己打造一條源源不絕、可以傳於子孫的股利現金流。

2018 ～ 2021 年之間，我分批投入了所有的薪水閒錢，以及工作十多年的積蓄（僅留一年生活預備金定存），雖然普通上班族擁有的資金有限，還是希望自己的辛苦錢，能在相對安穩的投資中獲得合理報酬。幾年下來，我透過滾動式修正的存股歷程，不斷試探並且打造最適合自己性格的投資組合，並有紀律地持續累積。

下面是我的「個人投入金額」（不含父親資產）在 2018 ～ 2021 年四年的存股實驗成果：

4 年存股實驗，資產成長 4 成

{含股利再投入}

2018 年		2019 年		2020 年		2021 年		總本金		2021 年資產市值
72 萬	+	101 萬	+	101 萬	+	64 萬	=	338 萬	→	475 萬

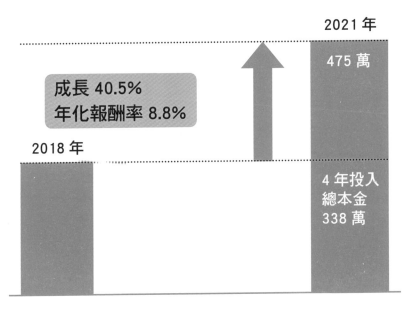

2021 年

475 萬

成長 40.5%
年化報酬率 8.8%

2018 年

4 年投入
總本金
338 萬

「存股實驗」進行四年下來，我將薪資儲蓄分別投入核心持股「官、民營金控股」、衛星持股「台積電」，以及不定時加碼的景氣循環股「亞泥」、「南亞」三部分，資產共成長40.5％，年化報酬率8.8％，和原本保守預期的5％相比，算是繳了張不錯的成績單。其中「亞泥」、「南亞」，是我趁景氣循環低期或股災時買進的。另外，2020年起分批購入的「台積電」，也為我的整體資產成長率貢獻不少。

　　不過景氣循環股的低點可遇不可求，無法以「一年」為單位買進，一個景氣循環週期少則三年，多則五到十年，只能以「三年」、「五年」為單位，等待低點時布局。至於台積電是我在2020年股災後陸續買進，擁有技術領先、EPS（每股盈餘）[*]持續上升、產品需求強勁……等優勢，股價成長前景看好，投入兩年的年化報酬率表現不俗，惟股價震盪幅度較大，持有者信念要夠堅定，才能做到漲跌不驚。

　　金融股是自2018年開始持續投入，雖然資產成長速度不及景氣循環股及台積電亮眼，但價差小、每年穩定配息，存起來最輕鬆、不費力，是我的主力核心持股。

* EPS（Earning Per Share），又稱每股收益或每股營利，為公司獲利指標，意指每一股賺了多少錢，數值越高、獲利能力亦高。
計算公式：每股盈餘＝本期淨利／流通在外普通股股數。

「小車 x 存股實驗」粉專創立

在存股的道路上，前期緊抱父親股票五年，後期則投入自身積蓄，執行存股實驗四年，我的存股年資也默默走過九個年頭，雖然離財務自由尚遠，但也算小有所成。有感於近年來萬物皆漲，唯有薪水不漲的經濟環境，「投資理財」是現代小資族無法逃避的議題，且「存股」算是執行起來較穩健且報酬率尚可的投資方式。

平日和周遭朋友、同事們閒聊，發現大家理財投資觀念和當年的自己一樣，相當的薄弱與保守。不過值得開心的是，有不少朋友受到我的影響想著手存股，卻不知道如何踏出第一步。礙於辦公室、餐廳能談的內容有限，因而我在 2021 年 2 月 25 日，創立了「小車 x 存股實驗」的粉專，分享這些年來的操作實務、持股心法，以及在股海浮沉的感觸與成長。

原本創立粉絲專頁，只是覺得生活、工作有些一成不變，想嘗試一點新鮮事情，比如當個斜槓作家，將平日沒機會分享的觀點寫成文章，供親朋好友閱讀。文筆如此普通的我，原本設定寫個十幾篇就能交代完畢，沒想到竟不知不覺寫了八十多篇，粉絲人數也一路像開外掛似地，在成立四個月後突破一萬人次，八個月超過一萬六千人追蹤，甚至如今有幸能將網路心得文章彙整出版，2021 年簡直是我的斜槓粉專驚奇之年。

存股決勝點：你有多淡定？

　　書寫文章的同時，我體悟到：雖然存股只是「紀律買進、緊抱持股」兩個簡單的動作，但執行上並不容易。好比大家都知道用功讀書才能考取好學校、減肥就是少吃多運動，最終考上第一志願或減肥成功的人卻是少之又少。持股的過程中，時常要面對內在理智與恐慌交戰，加上詭譎多變的國際局勢、多空雙方的籌碼對決、股價暴跌引發的恐慌拋售……等眾多不確定的因素，要長久堅持絕非易事。

　　因此，培養正確的心態就顯得非常重要，必須不斷透過閱讀來充實財商觀念、吸取前輩經驗，以及參加存股社團與同伴互相交流打氣，反覆建構觀念、堅定立場。持股心態若正確了，便不易受市場漲跌影響而隨意拋售，自然能抱得從容淡定和長長久久。

「新手、老手、保守族」都能收穫滿滿！

一、存股新手「看操作」

　　小車會在書中和你分享如何買進並持有心儀的優質股。無論是選股策略、買進時機、買進價格、財報判讀、資金如何分批投入、如何在除息日當天買到除息價的股票……等操作實務。也將為你破解價高不敢購入的迷思，以及推薦存股相關書籍、社團、粉專，幫助你成功跨出第一步。

二、存股老手「看心態」

　　存股不外乎就是「買進」與「持有」這麼簡單，但是買股容易，抱股難。長抱不賣的過程中，總是會經歷許多內心動搖的時刻，尤其是眼看身旁因飆股而資產迅速翻 5 倍、10 倍的人，難免會產生自我懷疑。此時心態上最需要同道中人的鼓舞與支持，本書能陪伴並給予大家繼續前行的力量。

三、投資保守族「看動力」

　　從前的小車也是個懶得理財、不敢胡亂投資的謹慎派，因此我十分明白大眾對買進股票的顧慮，也許你一直都知道存股的好，但根深蒂固的刻板觀念讓你對股市感到恐懼。透過書中的金額試算，能比較人生第一桶金放在不同位置的成效（2-5 小節），搭配人人皆能複製的存股操作與心態，藉此建立正確的投資理財觀，賦予你「進場的勇氣」，不再年年當個「場外的舉人」。

如今的我，撑過存股前期的忐忑、困惑與徬徨，心態有如倒吃甘蔗般，越來越得心應手。回首來時路，秉持著「贈人玫瑰，手留餘香」的想法，在此分享當初自己不了解的存股知識、心裡曾過不去的坎，但願能幫助存股新手以及正在存股路上的你（妳）建立一些觀念、解答一些疑惑，可以更堅定、有信心地踏出未來的每一步。

P.S. 書中附上自己這些年來四處旅行的照片，每當回顧相片中的美景，都能忘卻許多現實生活的不如意，更期許將來的我，能使用「股利」展開每一趟美好旅程。

　　存股的路上，我們一起砥礪前行！

0 ▎【序章】
靠存股，活出「有選擇」的人生

1 ▎【第一章】
我的存股故事──滿足 5 大條件，就能安心持有的選股策略

2

【第二章】
別讓薪水不值錢！
小資族必學的理財投資

3

【第三章】
放心買、安心存——
簡單存股 3 步驟

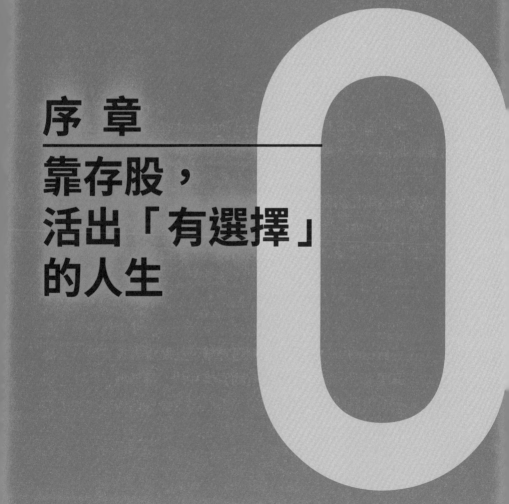

序 章
靠存股，
活出「有選擇」
的人生

0-1
現在每存下來的 1 萬元，
25 年後翻成 5 倍

時下流行的 FIRE（Financial Independence , Retire Early）運動，取自「經濟獨立，提早退休」四個英文單字字首的縮寫，是一種以經濟獨立（財務自由）和提前退休為目標，平日積極儲蓄將存款比例極大化，再透過投資取得被動收入直到達成財務自由的一種生活方式。我心目中的 FIRE 目標是做到股利收入最差的一年都足以支付全年生活開支，則有償工作變得可有可無，隨時可以 FIRE 老闆，活出「有選擇」的人生。

我們今日多省下的每一塊錢，多存的每一張優質股票，都是在替自己的未來積累多一點選擇權。在職場上擁有隨時抽離的「選擇權」，在生活上擁有物質條件的「選擇權」，在心靈上擁有愉悅悠閒的「選擇權」，不必再當金錢的奴隸，被工作綁架，擁有人生的主導權。

當然，並非所有被動收入達標的人都一定要提早退休，也許我們很熱愛自己的工作，或者天生就是閒不下來的勞碌命。只是讓存股這筆被動收入成為生活的靠山，使我們活得更有底氣和骨氣，有本錢以超然的態度笑看職場的各種爾虞我詐，做到真正的「不為五斗米折腰」。

你必須知道複利效應 ── 利用複利，滾出夢想人生

「複利是世界第八大奇蹟，其威力甚至超過了原子彈。」姑且不論這句話是否真的出於愛因斯坦之口，單就財富累積的角度而言，確實是不變的硬道理。在投資的世界中，我們不需要驚濤駭浪，只需要細水長流。時間的力量是驚人的，如同「滴水穿石」，一滴水看似微不足道，但日積月累能穿透堅硬的石頭。「時間」是複利最大的助手，也是每個人都能善用的投資優勢。

搭上航海王、鋼鐵王的列車，2、3 個月賺進翻倍的價差固然令人羨慕，但問題是人生又不只活 2 個月，這次賺到了，那下次呢？下下次呢？人生中有無數個 2 個月，能保證每一次都賺到價差而不賠錢嗎？股神巴菲特的經典名言：「投資的第一法則，就是不要賠錢，第二法則就是不要忘記第一法則。」投

資先求不賠，再求報酬率，如果報酬率高，賠錢的風險也高的話，便不是一個穩妥的投資方式。更何況現在醫療技術發達，國人平均壽命高達 81.3 歲，我們要賺進多少次價差還要不賠錢，才夠支付退休後數十年的生活？年輕時頻繁進出股市或許能獲得滿滿的刺激與成就感，然而到了七老八十，還得整日盯著螢幕買低賣高，提心吊膽地賺進自己的生活費，這種晚年生活是你嚮往的嗎？

存股的年獲利雖不及價差亮眼，但只要本金持續投入，抱緊績優股票金雞母，不必在股市殺進殺出，年年都能穩定領到股利，為本業收入外打造第二個獲利分身，讓優質公司 24 小時為自己工作。更令人驚喜的是，除了獲取源源不絕的現金流，小小的複利還能隨著時間拉長，產生讓資產翻 2 倍，甚至 4、5 倍的核彈級威力。

▎投入本金多寡，決定下半場人生有多快活

根據經驗，存金融股最基礎的年獲利為 5％，而與大盤連動的 ETF 元大台灣 50（全名：元大寶來台灣卓越 50 指數股票型基金，以下簡稱 0050）定期定額 10 年（2011 ～ 2021 年）的年化報酬率約 9％。

　　我們稍微大膽一些抓「金融股」搭配「0050」的組合，並以「年獲利7%」，來試算一下資金投入5～25年的變化。

> ✎ **5～25年的獲利試算**
> ● 存股組合：金融股＋0050
> ● 年獲利：7%

*記得點選「存款估算」

複利計算參考網址：
https://www.msn.com/zh-tw/money/tools/savingscalculator

一次性單筆投入 ➡ 本多終勝

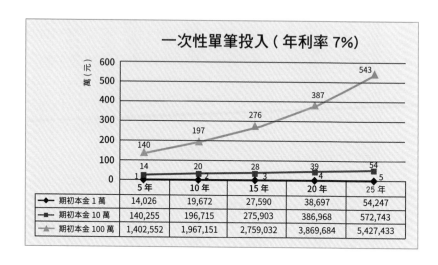

一次性單筆投入（年利率 7%）

萬（元）	5 年	10 年	15 年	20 年	25 年
期初本金 1 萬	14,026	19,672	27,590	38,697	54,247
期初本金 10 萬	140,255	196,715	275,903	386,968	572,743
期初本金 100 萬	1,402,552	1,967,151	2,759,032	3,869,684	5,427,433

　　由上表可知，前 5 年的複利速度不快，資產僅為本金的 1.4 倍，但隨著時間的拉長，10 年已幾乎能讓資產翻倍，20 年接近 4 倍，到了 25 年已能讓自己的資產成長超過 5 倍。不過「一次性單筆投入」就是個典型「本多終勝」的例子，投入本金的多寡完全決定了 25 年後的資產。若只投 10 萬元入股市，經過 25 年複利，僅能滾出 57 萬元左右，也無法靠這筆小錢退休；本金只投入 1 萬元就更不用說了，25 年後才翻成 5 萬元完全無感，難道存股就一定要先存一桶金才有機會翻身嗎？是否有其他辦法呢？

　　其實方法還真的有，請見下列說明：

一次性單筆投入＋月投 2 萬 ➡ 本多終勝＋持續投入

剛出社會本金不多、沒有富爸爸的平凡上班族也不用洩氣，即使初期本金不大，只要透過每月薪資「持續投入」，隨著時間複利，同樣也能滾出驚人資產喔！以每月投入 2 萬元存股為例：

一次性單筆投入＋月投入 2 萬（年利率 7%）

	5 年	10 年	15 年	20 年	25 年
期初本金 1 萬，月存 2 萬	1,394,203	3,335,619	6,058,556	9,877,615	15,234,043
期初本金 10 萬，月存 2 萬	1,520,433	3,512,663	6,306,868	10,225,887	15,722,512
期初本金 100 萬，月存 2 萬	2,782,729	5,283,099	8,789,997	13,708,603	20,607,202

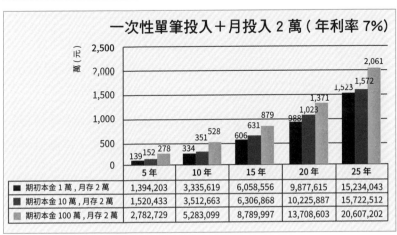

一次性單筆投入＋月投入 2 萬（年利率 7%）

	5 年	10 年	15 年	20 年	25 年
期初本金 1 萬，月存 2 萬	1,394,203	3,335,619	6,058,556	9,877,615	15,234,043
期初本金 10 萬，月存 2 萬	1,520,433	3,512,663	6,306,868	10,225,887	15,722,512
期初本金 100 萬，月存 2 萬	2,782,729	5,283,099	8,789,997	13,708,603	20,607,202

由上圖可知，分別比較期初投入 1 萬、10 萬、100 萬三種不同本金，雖然隨著時間拉長，資產複利差距會越拉越開，不過若能每月投入 2 萬並持續 25 年，即使當初本金才少少的 1 萬、10 萬，也能透過後來每月薪資的「持續投入」滾出 1523 萬、1572 萬的傲人成績，成功通往財務自由的彼岸。

因此，本多終勝的「本」指的是「總投入金額」，即使是沒辦法一開始投入大筆金額，但只要每年、每月「持續投入」（如：定期定額），25 年後，我們還是有機會能翻轉人生。

一次性單筆投入＋月投 1 萬 ➡ 本多終勝＋持續投入

從「一次性單筆投入＋月投 2 萬」持續 25 年的計算結果，我們可以發現：每月薪資「持續投入」的確能彌補初期本金的不足，但每月投入的金額也不宜太少，右頁即為改以每月投入 1 萬元的存股試算圖表。

由圖可知，分別比較期初投入 1 萬、10 萬、100 萬三種不同金額，隨著時間拉長，資產複利差距依然會越拉越開，不過若每月僅持續投入 1 萬，期初本金存 1 萬、10 萬的朋友，經過複利 25 年後分別只能滾出 764 萬、813 萬，成果比月投 2 萬的少了一半，相對退休的物質生活也會稍打折扣。

一次性單筆投入＋月投入 1 萬

萬（元）

	5 年	10 年	15 年	20 年	25 年
期初本金 1 萬 , 月存 1 萬	704,114	1,677,645	3,043,073	4,958,156	7,644,159
期初本金 10 萬 , 月存 1 萬	830,344	1,854,689	3,291,386	5,306,428	8,132,628
期初本金 100 萬 , 月存 1 萬	2,092,640	3,625,125	5,774,514	8,789,144	13,017,317

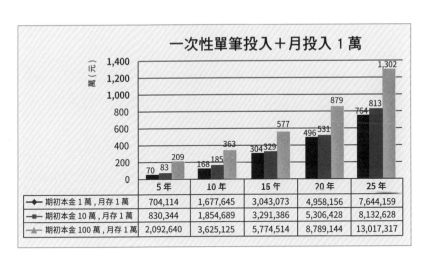

一次性單筆投入＋月投入 1 萬

萬（元）

	5 年	10 年	15 年	20 年	25 年
期初本金 1 萬 , 月存 1 萬	704,114	1,677,645	3,043,073	4,958,156	7,644,159
期初本金 10 萬 , 月存 1 萬	830,344	1,854,689	3,291,386	5,306,428	8,132,628
期初本金 100 萬 , 月存 1 萬	2,092,640	3,625,125	5,774,514	8,789,144	13,017,317

0-2

每月多存一點點，未來你會感謝現在的自己

　　近年來存股成為投資顯學，加上盤中零股交易自 2020 年 10 月 26 日正式啟動，大幅降低了股票買賣的門檻，少吃一頓大餐便能在盤中低點買進 1 股台積電，輕鬆當起護國神山的頭家。各家證券商也紛紛推出每月定期定額 1000、3000、5000 元存股，搶攻零股交易的商機，小額存股儼然成為小資族投資的一股新勢力。

　　由前一節的金額試算，我們可發現即使是初期本金不大的小資族，也有機會靠資金持續投入存股而翻轉人生。不過須注意每月「投入的金額大小」，決定了未來的翻轉程度。

「有做」和「做好」之間的差距

　　時間的複利固然強大，但畢竟存股一年的獲利是 5％～ 8％，而非 50％～ 80％。因此我必須很誠實地告訴你：不是投入一點

點金額，搭上存股的列車，就能通往財務自由的人生，也不是「有存」就能改善生活，存的「本金」要「夠大」，或是「持續投入」的金額要「夠多」，兩者至少要達到一項，長久下來複利才能真正發揮效果。就像處理老闆交辦的事情時，「有做」跟「做好」是兩種不同的境界。總不可能每個月只存個 1000、2000 元，便盼望 25 年後的生活有多大改變。

　　假設在無本金，從零開始的情況下，純粹比較每月投入不同的金額，我們來看看 25 年後有何差別？

　　這次換成以存股一年保守獲利 5% 來計算：

相差 30 倍！

月存	1 年合計	5 年獲利	10年獲利	15年獲利	20年獲利	25年獲利
1 千	1.2 萬	66,308	150,935	258,943	396,791	572,725
3 千	3.6 萬	198,923	452,804	776,828	1,190,374	1,718,176
5 千	6 萬	331,538	754,674	1,294,714	1,983,957	2,863,626
1 萬	12 萬	663,076	1,509,347	2,589,428	3,967,914	5,727,252
1.5 萬	18 萬	994,614	2,264,021	3,884,141	5,951,872	8,590,878
2 萬	24 萬	1,326,152	3,018,694	5,178,855	7,935,829	11,454,504
3 萬	36 萬	1,989,227	4,528,041	7,768,283	11,903,743	17,181,756

（若每年績效獎金、年終獎金再投入，效果更加顯著。）

由上可知，月存 1 千和月存 3 萬，同樣花了 25 年，存下相同標的，只因為每月投入的本金不同，後者的資產在 25 年後足足高出前者 30 倍（57 萬 VS. 1718 萬），實在太驚人了！所以你覺得月存 1 千的「有做」跟月存 3 萬的「做好」，誰會更接近財務自由呢？

因此，我們可以得到以下結論：時間越長，資產成長的倍數越多；本金（總投入金額）越大，實際獲利金額越大。時間是有魔法的，存股若可以「趁早開始」再加上「本大投入」，就能將我們的辛苦錢發揮最大的功效。

從現在開始，提升專業也好，克制欲望也罷，每月多存一點點，25 年後你會感謝現在的自己。

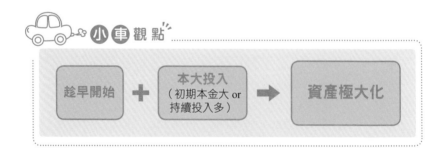

做不成「富二代」，
可以讓子女成為「股二代」

知名理財暢銷著作《致富心態》提到：「巴菲特累積的財富，不單單因為他是頂尖的投資人，更因為他從小就開始投資。」他從 10 歲便開始學投資，直到現年 91 歲，總投資年數超過 80 年，且書中指出巴菲特的淨資產絕大部分是來自 50、60 歲之後。

因此我們得知：
越早開始，可投資年數越多，資產翻的倍數越多。
25 歲存股，到 60 歲退休，有 35 年持續投入的機會。
35 歲存股，到 60 歲退休，尚有 25 年持續投入的機會。
45 歲存股，到 60 歲退休，只剩下 15 年持續投入的機會。

也許我們起步晚，活得也不一定比巴菲特久，只要我們這一代開始存股，除了領股利能讓自己安享晚年之外，股票資產還能傳給下一代，讓孩子成為「股二代」，兩代人的總投資年數，相信要超越巴菲特的 80 年不無可能。

也許我們一開始能投入的資金有限，但只要能做到累積投資年數 80 年，即便財富追不上巴菲特的腳步，至少總資產也足以贏過絕大部分的人了，這就是時間與複利的威力。

投資不該
佔據你太多的時間

價差族常質疑存股族：

是不是因為不會操作價差，才來存股？

我必須很誠實地告訴你：「是的，我不會，而且也不想。」

有人問說：「2 個月就能賺到 20％～ 30％的價差，為什麼要花一年存股去領 5％的股利？」我的回答是，如果你有每次能賺到價差的本領，恭喜你是做價差的天選之人，請務必繼續賺下去。至於我，只是一位凡人，無法預知股市未來的價格高低，因此選擇穩健、不須預測股價漲跌的投資方式。

價差，無法保證 100％的勝率

大家都知道股市的價格不是漲，就是跌。每次猜中漲跌賺取價差的機率是 $\frac{1}{2}$，那連續 10 次猜中漲跌賺取價差的機率又有

多少呢？

就會變成 $\frac{1}{2}$ 的 10 次方，$\frac{1}{1024}$。

技術分析師主張可以透過 K 線、交易量、歷史股價走勢……等來預測股票漲跌，但即便技術再高超、歷史價格走勢 10 年不變，有一項永遠也預測不了的變因——人。股市的價格雖是數字組成的，但買賣股票的是人，不是機器，舉凡國際局勢、政策轉變、社會大眾的風氣、人性恐慌與一窩蜂投入的行為……都會讓所有技術面失靈，增加股市的不可預測性。

我們永遠要對股市的漲跌心存敬意，即使所有的技術面分析都指向大漲，也是會有跌得讓人一頭霧水的時候。就像我辦公室偶爾不乖的印表機，明明網路、驅動程式、碳粉、卡紙都搞定了，印不出來就是印不出來。

專注本業、經營生活而非埋首投資

如果我是一位專業操盤手，每天有一整個上午緊盯大盤，或許會考慮做價差。不過，就算是樂活大叔施昇輝、林茂昌（著作《用心於不交易》）這些擁有顯赫財經學歷背景、多年專業操盤經驗的高手，在股市浮沉多年後，如今也都不約而同地選擇洗盡鉛華、反璞歸真，回到存股「不交易」的世界，可見要

靠價差維生不是件容易的事。更何況我們都只是忙碌的平凡上班族，忙起來甚至連上廁所的時間都沒有，哪有那麼多心力在上班時間看盤做價差呢？

因此我選擇買進不賣、長期投資的存股策略，早上九點開盤時打開股市 APP，花個 5 分鐘確認一下行情方向，若上漲就直接關掉，下跌則觀察跌勢並伺機買進，把指定的金額買完，便可安心專注自己本業的工作。有些工作更忙碌一點的朋友，也可以在前一晚預約下單，等下班再來看成交與否即可。投資不必佔用太多時間，輕輕鬆鬆就可為自己每年多賺一筆「年中獎金」（股利大多每年七、八月發放）。

也許獲利％數不夠亮眼，卻是 100％能賺到，不用去預估漲跌、大盤趨勢，只須勇敢買進、安心持有。除非公司財報持續變差走下坡，才需要稍微費心一點換股操作，絕大部分時間可用來專心工作、陪伴家人、享受生活，每年七、八月等著數錢就好。

這樣輕鬆、不費時的投資方式就能打敗定存、戰勝通膨，年年享有源源不絕的股利，甚至比經年需修繕的 50 年老屋更適合當作傳家之寶留給子孫，讓股利世世代代繼續領下去，何樂而不為呢？

第一章
我的存股故事
——滿足 5 大條件，就能安心持有的選股策略

1

文科生的存股頓悟之路

　　儘管和前言有些重複，請容我再詳談一下自己踏上存股之路的契機。

　　我是位很平凡的上班族女性，過著朝九晚五的通勤生活，日日做著忙碌又千篇一律的工作，月月領著萬年不漲的薪水。自小我的數理便不好，高中選擇了社會組，大學讀了文學院的科系，年少輕狂時有些文人習氣，崇尚追求人生夢想、實現自我生命價值。至於錢財乃身外之物，夠用就好，汲汲營營求取未免顯得俗氣。

　　30 歲之前，我的理財觀念十分保守，加上懶得研究，存下來的錢只會放在兩個地方——定存與儲蓄險。至於股票買賣，和老一輩的刻板印象差不多，覺得股市是座賭場，稍有不慎，便會讓人傾家蕩產、粉身碎骨。我曾以為這輩子都不會與股市

交易的紛紛擾擾沾上邊，直到……

30 歲那年，我的父親因病去世，留下一筆股票資產，母親年邁，無心再學習與管理股票買賣瑣事，身為家中獨女的我，便肩負起繼承與管理的責任。

原來，只進不出的行為就是存股

接手了父親「南亞」、「亞泥」這 2 檔股票，原本對股票一知半解的我，跌跌撞撞地走進了股市。連一張股票是 1000 股都不知道的我，一步一步學習何謂股利、配股、除息日、除權日、股市買賣介面操作……等基礎知識。

自有記憶以來，每年 7、8 月，讀著爸爸的股利通知單，只知道有錢進來，卻不知道為什麼。很少看到父親買賣股票，唯一一次交易是他打電話跟營業員交代，將某個知名卻連年走下坡的公司股票全數出清。雖然當時我不太清楚股市投資，但就觀察爸爸的經驗來看，覺得管理股票應該也不會太費力，只要稍微留意這兩家公司的經營不要出亂子，就可以繼續抱下去領股利。

有句股市俗諺：「操作股票，知道買是徒弟，知道賣是師傅。」當初的我心態很單純，既然不懂 K 線、交易量這些技術

面知識，貿然買賣必定容易出錯，一動不如一靜，不賣至少還能持有這些好公司的股票，所以我帳戶內的股票只進不出，將每年領到的股利持續投入，購買相同的股票。

那時只是單純覺得這些股利不是靠自己賺得，而是父親的股票自己「生出來」的，不好意思拿去享樂，又不知道該把錢放哪，只好將這家公司發給我的錢，再投進去買回這家公司的股票。

誤打誤撞之下，開啟了我的存股之路……

當獲利不再只是小確幸

從 2013 年起，我每年用股利持續買進股票，換來了股利的微幅成長，但金額不多，便不以為意。每年 7、8 月領股利時，只當作一種生活小確幸。

直到 2017 年，「南亞」獲利大爆發，一股配了 4.5 元，（一張 1000 股，擁有一張就可獲得股利 $4.5 \times 1000 = 4500$ 元），那年我的股利所得急遽上升，幾乎等於薪資年收入的三分之一。這筆金額對於一個平凡上班族來說，已經不只是小確幸，而是讓人無法忽視的存在了。

於是，我開始閱讀一些以「股利」為主要獲利方式的理財書（不做價差），其中《6 年存到 300 張股票》（陳重銘 著）是我的理財啟蒙導師。也是看了這本書，才知道原來這些年我持續在做的事情叫做「存股」。

自 2018 年起，除了父親股票的股利之外，我也開始分批投入自己的積蓄買股（存款只留一年生活預備金定存），希望能加速股票張數的累積，打造足以支應生活所需的股利現金流。

「只領股利」的堅持

狂賣 109 個國家的暢銷書《富爸爸，窮爸爸》中提到：

> 我們對金錢的觀念不是來自學校，而是來自家庭。學校教育只專注於學術知識和專業技能的教育和培養，卻忽視了理財技能的培訓。這也解釋了為何許多精明的銀行家、醫生和會計師們在學校時成績優異，但一輩子還是要為財務問題傷腦筋。

正因為我們在學校幾乎沒有受過理財教育，所以出社會賺了錢多半會「繼承」父母的理財方式和思維。

成長過程中，很感謝我有一位好爸爸，身體力行樹立了一個「只領股利不做價差」的投資典範。

自懂事以來，印象中父親只有在我讀小學時打開電視看股票（而且不是天天看），之後直到我讀高中、大學、出社會，都不曾再看過他研究股票。唯一提到股票的時刻，就是每年 7、8 月打開股利通知書的那幾分鐘，父親會請我唸一下每股配多少錢（因為字太小，老人家看不清楚），然後這個話題就結束了。

於是我從父親十幾年「只領股利、不看盤、不交易」的經驗中學到：只要持有的股票夠優質，等於擁有一隻每年自動生錢的金雞母。倘若因為一兩年的高價誘惑，把金雞母轉讓給別人，就沒有往後十幾年甚至是幾十年的獲利了！

這也是為何在這大眾只愛賺短期價差的風氣下，我的心態仍能堅若磐石，一切源自於父親的理財觀念和身教使我建立了根深蒂固的信仰。

存股的路上，一起共勉之！

價差森林中的一根小獨木。
—— 攝於宜蘭明湖。

不信運氣，只信我自己

　　從小到大，我的「運氣」都不是很好！

　　學生時代，每次考試選擇題刪去不可能的答案，剩最後兩個選項的時候，答案總是我猜的另一個；考試從不作弊，唯一一次作弊被抓，還是因為借給同學抄，不是抄別人的；從學校到現在職場裡每次抱怨某人時，對方總會剛好從我身邊走過，相當尷尬。

　　偏財運更不用說了，連小確幸都很少，發票半年最多只會對中一、兩張 200 元；刮刮樂不是銘謝惠顧，就是獎金低於買入金額；樂透更是從來沒中過；之前存股存到手癢來做價差，結果第一次就失敗，賠了一個月薪水。因此，我的人生向來只有正財，偏財只是種悲涼的存在。

　　少了這種運氣，看似不幸，其實是另一種幸運。因為運氣不曾為我帶來成功，所以只能靠自己努力。如果努力 100 分會因為運氣打折成 80 分，那麼我就會做好 125 分的準備讓自己正常發揮，從不心存僥倖盼望 60 分的努力能取得 80 分的成果。

　　深知運氣不足恃的我，比旁人付出更多努力，這種態度用在升學及求職上，最終都能順利達到自己的理想目標，因而從這個角度來看，我是幸運的。

零和遊戲與正和遊戲

這樣的人生觀和想法，我同樣套用在股市投資上，選擇運氣成分越少的投資方式越好。市場整日殺進殺出地做價差是所謂的「零和遊戲」，如同麻將桌上的人，有人贏錢就有人輸錢，麻將打得再久，四人的金錢總額是永遠不變的。也許一時僥倖贏了錢，但又有誰能保證一輩子打麻將不輸錢呢？

至於存股領股利是屬於「正和遊戲」，不是賺走他人輸的錢，而是股東領取公司當年盈餘的分紅。假設麻將桌上的四人將打麻將的錢都拿去購買優質股領股利，雖然每年只有 5％的報酬率，但只要公司獲利條件不變，四人都可以贏，且總資產是一起隨時間向上積累的。

這種「正和遊戲」的投資方式最適合缺乏運氣、不擅長二選一的我，或是經歷過多年股市爾虞我詐、不想再猜漲跌的你，大家可以一起來做贏家。

打造能支付
房貸兼養老的現金流

　　這一節我想談談自己決定積極存股的主要動機。在投入存股這段期間我結婚了，也生了小孩，組成了一個三人小家庭。目前住在大台北很蛋白的區域，生活機能不便，最近的捷運站搭公車需要半小時，而且不含等車時間。但由於房子是夫家的，不用額外支付房租，這一直是我很感恩的事。

　　不會騎車、開車的我，每天面對往返各 1 小時的通勤生活倒也可以接受，反正就在車上滑手機。不過自從有了孩子之後，不免思考小孩未來的就學問題，住家附近有口碑不錯的幼稚園、國小可以就近入學。

　　不過缺乏一間稍微正常一點的國中，我們這區的國中生，多半和我一樣，等著 20 分鐘才一班的公車，像擠沙丁魚般經歷

30 分鐘的車程，跨區去讀評價較佳的國中。

　　每次上下班看著這些舟車勞頓、在車上打瞌睡的學子，心中很不忍。如果是大人，下班回家可以放鬆就算了，但小孩上了國中，回家還要寫功課、讀書，每天耗這麼多時間在通勤上，書怎麼可能讀得好？小時候，父母親給了我一個交通便利、騎腳踏車 10 分鐘就能到學校的家，而我的學業成績也一直能維持在不錯的水平之上。現在，我也想給自己的孩子一個相同的居住環境。

　　於是我的存股動機從原本的「布局退休生活」，再加上了「購屋」一事，目標是學區捷運宅，既方便孩子上學，也方便什麼交通工具都不會的我。不過難就難在台北居大不易呀！即便是小家庭的 2 房，只要跟「捷運」沾上邊，都是沉重的負擔，一般夫妻單靠存錢、全力省吃儉用也負擔不起。

　　幸好我老公也很認同存股這種投資方式，兩人一起努力，速度和效果也會加倍（如果你有另一半，趕快說服對方加入）。我們現在的目標是趕在孩子上國中前，存到扣除頭期款後，還有一筆股利足以支付房貸的股票資產（就算不夠至少也能補貼）。讓股利去付房貸，薪水閒錢用來持續累積股票張數。等到 20 年付完房貸之後，股利就轉為支付退休生活費，打造出能夠買房兼養老的現金流。

5 大策略，決定我的核心選股

「南亞」、「亞泥」是我的原本持股，屬於老字號的傳統產業，都是穩健配息超過 38 年的好公司。唯獨有個缺點，它們屬於「景氣循環股」，獲利會隨著市場供需而大起大落，也就是所謂的「三年不開張，開張吃三年」。

景氣好時，股利能讓你笑得合不攏嘴，景氣差時，真的只能喝西北風。以南亞為例，這 8 年來配息的範圍從 0.4 元～ 5.1 元都有過，如果規畫目標是未來靠股利生活、付房貸或房租的話，這種配息是相當不穩定的。因此，除了緊抱原有的傳產股，我也在尋找新的核心持股目標。

▌安心至上的存股策略

以下是我根據自身經驗，而定下的 5 項核心持股篩選條件：

小車核心持股條件

❶ 穩定配息超過 10 年以上。

存這類股票最主要的目的，就是領取股息股利，既然退休後要仰賴股利生活，連續配息達 10 年以上的公司，代表它的獲利能力及股利政策都相當成熟穩定，相對較能安心長抱。

❷ 每年配息落差不要太大。

退休後每年靠領取股利來作為生活資金，這跟包租婆收取房租是一樣是屬於被動收入。若存股標的全部都像景氣循環股南亞一般，今年發個 5 元（2019 年），隔年卻驟減為 2.2 元（2020 年），便無法維持每年穩定的生活品質。

❸ 股價波動小，可以安心持有。

像華南金及合庫金等官股金控有個特色，就是價格相當牛皮，這對喜歡賺價差的投資人來說或許有點乏味，但站在存股的立場卻是一人利多，因為股價的漲幅一大，就會心癢癢地想賣出，一不小心又走上賺價差的回頭路，且成天焦慮地追高殺低對生活品質也會有所影響。因此對我來說，波動小、價格穩定的個股，才是安心持有的存股好標的。

❹ 公司大方，盈餘分配率 70%以上
（賺 100 元發給股東 70 元以上）。

所謂的盈餘分配率是指公司願意拿多少比例的盈餘出來發給股東分紅，以「華南金」與「合庫金」為例，官股金控的身份再加上金融產業本身發展已成熟穩定，這兩檔的盈餘幾乎 80% 以上都拿出來與股東同享，因此成為我眼中的存股好選擇；另一檔盈餘分配率也相當高的就是民營的玉山金，也是值得推薦給身旁親友的好標的。

❺ 股息殖利率 5%以上。

每當公司發布配股配息的消息，股利較高的股票就會在新聞媒體的大力宣傳下而墊高股價，使得殖利率下降。我設定買進的價格一定要在殖利率 5% 以上，如果因為股價上漲而導致殖利率低於 5%，就會選擇先停止買進，改買其他殖利率尚有 5% 的存股標的。例如兆豐金，往年除息後的價格都會有 5% 以上殖利率，但 2021 年由於股價上漲的關係而殖利率降至 4.8%，就只能忍痛不買，改買合庫金與華南金。

（殖利率查詢、計算方式，請參考 P.62）

基於上述條件，我找到了下面這些自己能安心持有的股票：

1、**兆豐金：**
- **優點：**官股銀行獲利模範生，為政府特許之國際貿易及匯兌專業銀行，擁有「外匯業務」的護城河，殖利率約 5 ～ 6％。
- **缺點：**股利只配現金，存股速度較慢。

2、**合庫金：**
- **優點：**官股銀行，最大股東為財政部，持股比例 26.06％，所占比例為官四金之首。獲利穩健且能持續緩慢成長，於官股銀行裡實屬難能可貴，踩雷較少。
- **缺點：**上市時間較短，僅 11 年，剛好跨過自己設定的門檻。雖有配股，但比例沒有華南金高，還原殖利率略遜於華南金。

3、**華南金：**
- **優點：**官股銀行，政府以外最大股東為板橋林家，算是官民共治的特殊組合，有民間股東能監督。股利比例為現金和股利各半，累積張數較快。
- **缺點：**獲利策略較保守，2020 年子公司出大包。

4、**玉山金：**
- **優點：**民營銀行獲利積極，盈餘分配率和官股銀行一樣大

方，股本尚在成長期，願意配股，股利比例也是現金與配股各半，還原殖利率 8% 以上。

- **缺點：** 外資持有比例高，股價波動稍大（23 ～ 29 元），但還在接受範圍內。

5、元大高股息 ETF（0056）

- **優點：** 風險幾乎為零，ETF 為 30 家公司的組合，不可能 30 家公司一起倒閉。
- **缺點：** 只配現金，且股價波動較金融股大，20 ～ 35 元都有過，只有價格落在殖利率 5% 以上時才會考慮買進。

小車筆記

▶ 殖利率＝股利 ÷ 本金 × 100%

▶ 若不想自己計算股息殖利率可上「臺灣證券交易所」網頁，點選「交易資訊 > 盤後資訊 > 個股日本益比、殖利率及股價淨值比（依日期查詢）」欄位，就能看到排序及下載相關訊息。

掃描 QR Code 即可進入臺灣證券交易所查詢「股息殖利率」的頁面。

▍小車存股進化史：
中鋼 ➡ 中華電 ➡ 金融股 ➡ 台積電

存股原則雖是只進不出、每年坐領股利，但「殖利率」以及公司能否維持「穩定的獲利水平」也是我每年檢視核心持股要不要汰弱換強的依據。若公司體制穩健（不論偶發的衰事），僅就公司獲利表現來檢視，但凡上升或持平皆可以安心續存。倘若摒除大環境因素後，個股連兩年獲利衰退，且看不見公司拿出任何因應措施，就要評估在合適的時機進行「換股」操作了。基於不斷檢視公司基本面與股票殖利率的前提之下，我的持股在不同時期產生了下列變化：

中鋼：2014 ～ 2016 年
我在 2014 年曾以 25 元的價格，買過當時存股族最愛的「中鋼」，當時配 0.7 元現金、0.2 元股票，還原殖利率有 4.8％，勉強過得去。沒想到之後獲利一直走下坡，直到 2016 年只配 0.5 元現金，殖利率剩下 2％，終於讓我忍無可忍，領完股利，等到價格一回到均價之上便立刻賣出。

中華電：2014 ～ 2020 年
2014 年也開始陸續買了中華電，當時現金殖利率 4.86％，官股加上價格穩定，還算可以接受。可惜近年獲利持續下滑，

加上電信業為了搶奪市場大餅，不惜削價競爭，紛紛推出網路299 元吃到飽，讓逐年衰退的獲利雪上加霜。到 2019 年領股利時，殖利率只剩 4.06％了。

幸好中華電在 2020 年 3 月股災下跌不多，這不動如山的價格對我來說堪稱股災的提款機，於是我便以 106 元的價格（持有均價 97 元）全部賣出換成跌到 23、22 元的玉山金。其實存了這麼久，真的會有感情，但換股也是期望自己的辛苦錢獲得更好的回報。記得全部賣光那天，心中若有所失，像是跟情人分手一般，往後中華電的新聞便不再和我有關。

金融股：2018 年～持續進行

2018 年開始購入兆豐金、中信金、華南金，發現金融股價格穩定、殖利率每年也都能保持在 5％以上，覺得自己跟金融股的股性最合，也抱得最安心，便將金融股作為主要持股直到現在。

我的金融股配置上是「二官股一民營」，官股求穩，民營衝刺。二官股是兆豐金、華南金（2020 年再加入合庫金）。至於民營金控，原本持有的是中信金，其獲利能力向來是國內金控的前段班，不過抱了 2 年多發現它不管賺多賺少，股利都只配 1 元現金，被網友戲稱為「一元金」，在盈餘分配率上感覺對股民不夠大方，於是便趁 2020 年 1 月中信金股價站上新高 22

元時出清，換成盈餘分配大方的玉山金，並趁股災持續加碼玉山金，拉低均價。

台積電（2020 年～持續進行）

2020 年，我在股災後買了一些台積電零股，又拜讀闕又上老師的《慢飆股台積電的啟示錄》，並與老公討論，我們一致認為台積電的企業文化誠信可靠，且領導者很有智慧與遠見，晶圓代工技術獨步全球，這一兩年逐漸將對手三星狠甩在後。加上 2021 年每個月產能滿載，獲利不斷創新高，又積極興建 3 奈米工廠，預計 2022 年量產，連過年都加錢請工人初三開工，可見有多少訂單需要消化，未來股價成長可期。加上開放盤中零股交易，讓擁有台積電不再是遙不可及的夢想。不過電子股起伏較大，買點難抓，於是我從 2020 年 8 月起，積極跟著粉絲專頁「股市米蟲王：持續買進台積電零股」，陸續購入台積電零股。

由於我的核心持股已有穩定的現金流，所以著手嘗試將部分資金放在優質的成長股上。之前存習慣了平穩價格的金融股，坦白說剛跨足存台積電時，確實會被電子股的價格起伏所驚嚇。但一日才買進一股，就算一日價差多至 15 元，實際虧損也只有 15 元，感覺心中較能承受。也因為每天一股，不論便宜或昂貴都能買到，使持有均價落在中間值，而且隨著持有股數越多，

均價也越難撼動。現在每買一股台積電幾乎只會撼動到均價的
0.01 元，影響不大，使我更能專注於累積股數。

　　加上持續閱讀闕又上老師的文章，以及觀看他分析台積電
優勢的影片，都能讓我對持有這座護國神山更有信心，就算套
牢也有強大的技術護城河及 EPS 持續向上的兩大利多撐腰，相
信未來數年股價精彩可期。

以上僅為個人存股進化史，無鼓吹購買任何標的之意，請自
行判斷，勿隨意跟單，投資盈虧自負。

我的存股「每年目標設定」
與「持股配置」

　　下面想來介紹一下自己存股每年目標設定的方式，以及現
有持股配置比例，供大家參考。

存股目標設定

　　一般坊間書籍存股目標訂定以「張數」為多，不過一旦設

定存個股 50 張、100 張，容易令人感到到目標遙遠，缺乏動力。以玉山金、兆豐金的價格，一般上班族大約要 2 個月才能存上一張，獲得增強的時間太久。加上金融股我都是集中在每年 8 月除息後至 12 月買入，如此操作一年只有四個月能在張數上取得成就感。

因此我改以「年存總金額」為目標，假設規畫一年存 35 萬投入股市，扣除績效獎金 3 萬、年終獎金 8 萬後，還剩下 24 萬要存，所以平均每個月存入 2 萬，就能達成年存 35 萬的目標。這樣一年只需要專注於金額有沒有存到即可，不必為了存滿張數而在高點急於買進。

當然，年存多少還是要根據實際薪水與生活支出來訂定，不要太善待自己，也不必太過自苦，挑選一個在生活與存股之間取得平衡點的金額，才能走得長久。

善用持股配置，提高存股效率：
核心股 60%+ 衛星股 40%

我現有的持股配置是採「核心持股搭配衛星持股」的組合，第一次接觸到這個概念，是從陳重銘老師的《不敗教主存股心法活用版：教你存自己的 300 張股票》書中得知，裡面提到善用「核心＋衛星」的資產配置，便能加快存股腳步。

一、核心持股：民營＋官股金控（60％）

老師以地球和月球來比喻，地球是行星，月球是衛星。地球為主體，亦即我們主要的「核心持股」。

選擇核心持股的重點，在於可每年穩定提供 5％～ 8％股利的股票，累積張數越多，現金流的威力越大，藉此打造未來支付房貸及退休生活的被動收入。這類型股票雖有價格平穩、令人安心持有的優勢，但也伴隨獲利、股價成長動能較低的缺點。目前我的「核心持股」約占 60％，其中民營玉山金占 10％，官股兆豐金、合庫金、華南金共占 50％。

二、衛星持股：台積電、趨勢向上的 ETF（40％）

月球是地球的衛星，體積較小，且繞著地球轉，這是可以用來做價差的「衛星持股」。適時透過「衛星持股」賺價差，再將獲得的錢買進核心持股，便能加速張數的累積。但做價差很考驗投資者的眼光，必須勤做功課或對相關產業有深入了解，才能挑選出股價在未來幾年有上升潛能的個股。

「衛星持股」要選擇成長股，預期未來股價與獲利會大爆發。不過這種公司因為適逢設備、規模大量擴張之際，會保留較多的盈餘來拓展事業版圖，故現階段盈餘分配率都不高，須忍受幾年的低殖利率，才能換取公司產能成熟後的獲利成長，例如台積電。不敢單壓個股的朋友，也可以選擇未來趨勢向上

的 ETF 如 0050、00757。

在成長股的選擇上，我沒有什麼過人之處，因為我的「衛星持股」個股只有台積電一檔。畢竟這樣技術領先、EPS 持續成長的優質公司，我目前只知道這一家，所以不打算貿然買進其他不了解、沒做過功課的個股。從 2020 年起慢慢存零股，打算放到 2、3 年後，待台積電工廠蓋好、產能成熟後賣出，當作房屋的裝潢費。不過，成長股著重於股價未來的成長性，當下殖利率不高，若持股比例太高會降低當年整體的殖利率。因此，我現在將衛星持股的上限定為 40％，一旦超過會優先購入核心持股。

三、傳產：南亞、亞泥（不景氣時加碼，比例不限）

南亞是台塑四寶之一，亞泥為水泥業，二者皆為穩定配息超過 38 年的傳產大佬，但身為景氣循環股，股利會隨景氣大起大落。所幸這 2 檔股票景氣循環的時間很少重疊，我從 2013 年抱到現在，還不曾遇過 2 檔同時都不景氣的情況，頗能互補。因此若考慮投資景氣循環股，挑選 2 種截然不同的產業，也是一個解決股利大起大落的辦法。

景氣循環股價格起伏高、股利落差大，所以我不會放在每年固定購買的名單內，只有遇到景氣差、股價較低時（如：亞泥 30 元、南亞 66 ～ 70 元左右），才會考慮額外加碼。

核心持股及衛星持股的比例

我認為這兩者之間的比例可根據自己的「價格漲跌耐受度」及「股利現金流的依賴度」來彈性調整，年輕人現金流依賴度低，衛星持股比例可多些；退休族或準備退休的朋友，現金流依賴度高，衛星持股比例就要少些；保守型投資人核心與衛星持股比例可抓「8：2」；比較願意承擔風險衝刺的朋友可各抓「5：5」；甚至年輕又大膽的投資者，可於前期投入100％衛星持股，待股價成長或屆齡退休時，再全部轉換成核心持股。

兩者比例多少沒有正確答案，重點在於釐清自己的心。只要能讓自己抱得開心、抱得安心、抱得長久，就是最適合自己的投資組合。

「種稻」也「釀酒」

中國紹興人家有個習俗：誕下嬰孩後，以優質的糯米、上好的酒麴，再加上當地的泉水，放入雕刻有花卉圖案的酒罈中，密封後埋在地底釀酒，待孩子長大成人，作為送給子女大喜之日的賀禮。

· 衛星持股為酒，核心持股為稻

這讓我聯想到存衛星持股（成長股）的過程也像釀酒，一開始付出成本後便埋入地底，無法年年收穫領取回報。待十數年的歲月沉澱積累，家中遇上重大日子時，拿出來開罈宴饗，一朝享受醞釀多年的醇美成果。

而存核心持股（領股利為主）就像種稻，一年一穫，是家人賴以為生的糧食來源和收入。若能搭配開源節流再購入良田，自足之餘，還可以拿去兜售，換取更好的物質生活或繼續擴充稻田。

· 種稻也釀酒

只種稻不釀酒，大喜之日僅招待賓客米飯未免寒酸。若為了宴客而賣田買酒，每年的稻米產量又會變少，不免心疼。此時，如有自家釀的陳年好酒，便是宴客的上上之選。

只釀酒不種稻，容易因為耐不住口腹之欲，而變賣僅釀數月的薄酒換錢、補貼家計，等手頭寬裕了再釀新酒。如此反覆，一待真正的大喜之日，只能拿出寡淡無味的薄酒來招待賓客。

其實「種稻」與「釀酒」可以同步進行。以核心持股為本，成長股為輔。只要比例拿捏好，嚴守紀律地持續執行，多年後既有良田產稻，也有美酒宴客，豈不樂哉？

第二章

別讓薪水不值錢！
小資族必學的
理財投資

2

小資族，每一分錢更該精打細算

　　在這個萬物皆漲，唯有薪水不漲的時代，投資理財已不單是渴望致富之人該關注的事，而是我們這一輩無法逃避的課題。然而，大多數的人工作繁忙、壓力大，每日光是上班都快把自己榨乾，回到家只想放空滑手機、追劇，哪有多餘心思研究另一條生財之道？但是錢財就和家庭、工作一樣，需要「用心經營」才有成果，不理會家庭諸事，只會讓家人間情感淡薄、日漸疏離；工作上得過且過，表現就會差強人意、缺乏競爭力；錢財也是如此，「你不理財，財也不會理你」。

　　前一陣子看到一篇感嘆物價飆漲的新聞，指出從前單靠月薪 4 萬元，便能養活全家外加付房貸，而現在的 4 萬元只夠養活自己。差不多條件的房子，幾十年前才 400 萬，現在隨隨便便都超過 1500 萬。如今生在台灣，尤其是大台北地區，想憑一

己之力買個安居之所，不拚命工作支付個 20 年房貸，恐怕難以如願。

今昔時空背景不同，我們也要懂得因時制宜，上一輩慣用的省吃儉用存現金、放定存的理財方式，已無法追上現在每年 2％通貨膨脹的速度，所以千萬別認為投資是有錢人的專利。身處物價飆漲的時代，在提升本業收入有限的情況下，薪水越少越須謹慎規畫賺得的每一分錢，避免自己未來成為經濟拮据的下流老人。

要確保收入能戰勝通膨

如果什麼投資都不做，十年後會怎麼樣呢？以本金 100 萬為例，只放郵局定存滾每年 0.81％的利息，複利十年後只有 108.4 萬。若以每年 2％通膨率計算，100 萬本金須在十年後成長至 121.9 萬才能維持原本的價值，所以放定存只會讓自己的錢越存越薄。雖然「現金」入袋最安心，卻也是最不划算的做法，唯有想辦法將錢轉換成資產（如：股票、不動產……），其價值才能隨通膨一起上升，達到保值甚至增值的效果。

假設你將這 100 萬的本金拿來存股，保守以 5％獲利來算，複利十年後就有 162.9 萬，與放定存相差了 54.5 萬。當然多了這筆錢也無法讓你翻轉人生，但至少能確保自己的收入戰勝通

膨，且生活花用也能寬裕些，買東西不必樣樣斤斤計較。

　　所以大家在專注本業之餘，不妨花些心思檢視一下自己的血汗錢有沒有發揮最大的價值？傻傻定存之餘，也須用心經營自己的財富管理，才能在通膨怪獸的肆虐下，維持自己及家人基本的生活品質。其實存股沒有比定存多花什麼心力，差別只在於一開始就把錢放在對的位置上，好讓我們往後數十年的人生朝著較正確、舒適的方向前進。

理好財，能為投資加分

　　我們常常花許多心思研究「投資」，諸如：投資方法、投資標的、買進賣出的時機與價格……等，目的就是為了提升自己的投資報酬率，贏得更多的財富，於此同時，卻往往忽略了「理財」的重要性。先「理好財」才能讓自己有更多的資金投入，投資自然賺更多。稱霸理財書排行榜已久的《致富心態》中提到：

　　　　有些專業投資人每週投入 80 小時為自己的報酬率
　　提高 0.1 個百分點，同時他們為了提高生活水準，在財務
　　支出上也多出整整二到三個百分點，但實際上他們不用花
　　這麼多力氣也可以做到。

　　由此可知，我們耗費龐大的精力與時間，好不容易提升了

0.1％的投資報酬率，卻常常不經意地額外支出 2％～ 3％的花費，來犒賞辛勞的自己。如此事倍功半地投入心力，並非聰明的方法。與其把希望寄託於充滿變數的股市操作上，不如多花一點時間審視自己可控的每月「儲蓄率」，說不定勝率更高、效果更好。所謂的儲蓄率是指存下的錢在總收入中所占的比例，公式如下：

> **儲蓄率＝儲蓄的錢 ÷ 總收入 × 100%**

以月收入 4 萬為例，若能存下 1.5 萬元，儲蓄率即為：

15000 ÷ 40000 × 100％＝ 37.5%

倘若檢視開支，發現去除掉不必的消費，可以讓自己每個月多存 2 千元，月存金額增加為 1.7 萬元，便能立刻將儲蓄率提升為：

17000 ÷ 40000 × 100％＝ 42.5%

因此，每個月多存這省下來的 2 千元，還沒開始投資，便已為自己賺進一年 2.4 萬元（2000 元 × 12 個月）的本金。而 1.7 萬元和原本規畫存的 1.5 萬元相比，不僅增加了 13.3％的資金，

而且這筆收益也百分百掌握在自己手中，不受股市外在動盪的影響，是不是很驚人？

　　我們追求財富容易犯一個毛病，就是經常積極「向外」去求取投資的報酬率，斤斤計較買進股票的價格和時機，甚至鋌而走險做價差、開槓桿賺取可遇不可求的 10％、20％，反而忘了可以「向內」求取，檢視不必要的生活開支、去除多餘物欲。其實大部分的人光是在「理財」上就有很大的進步空間，只要認真檢視、修正，通常都能為自己每月多存下 5％甚至 15％的金錢。

　　倘若再聰明一點，既「向內」節流多存了 13.3％（2000 元）的本金，又「向外」投資存股取得每年 5％以上的股利，20 年下來，就能輕輕鬆鬆為自己的資產增添近 73％（389 萬→674 萬）的獲利。

	放定存 （一年 0.81％）	放存股 （一年 5％）	每月多存 2 千放存股 （一年 5％）
	月存 1.5 萬	月存 1.5 萬	月存 1.7 萬
5 年	91 萬	99 萬	112 萬
10 年	187 萬	226 萬	256 萬
20 年	389 萬	595 萬	674 萬

增加 73％

一個月多存 2 千元，一天省下 66 元投入存股，20 年後能為自己增加 285 萬元的財富，理好財的效果是不是很神奇呢？現在就動手開始檢視一下自己每月的儲蓄率吧！

理好財，並善用存下來的每一分錢來幫你工作。
—— 攝於巴黎。

女人也要學投資

常見媒體報導或偶像劇中，平凡女子嫁給富豪，過著幸福快樂、令人稱羨的日子，我身邊甚至有朋友從小立下要嫁入豪門的志向。

當然，嫁給有錢人，或許能過上揮金如土、食前方丈的貴婦生活，但夫妻雙方經濟條件並不對等，一旦男方外遇變心導致婚姻觸礁，而女方婚後脫離社會太久，缺乏自我謀生能力，容易落入人財兩失的情況。

所謂「門當戶對」，雖然老套，卻也其來有自。我始終認為婚姻要建立在雙方經濟條件相當的情況下，才有平等的對話，女人要有獨立的經濟能力，才能永遠在婚姻中握有選擇權。

　　近年來雙薪家庭比例提高，顯示在接受相同的教育之下，女性的工作能力並不輸給男性。投資方面也一樣，許多研究兩性投資績效的報導指出，女性的表現更勝男性，如全球第四大共同基金富達投資（Fidelity），所做的 2021 年女性和投資研究，分析了 2011 年 1 月至 2020 年 12 月，共 520 萬名顧客帳戶的投資績效，發現女性投資者長期投資報酬率，平均比男性高 0.4％，毫不遜色。

　　電視節目上的理財專家，也並非清一色男性，美國有股神巴菲特，也有後起之秀 ARKK（方舟創新 ETF）的女股神伍德（Cathie Wood，亦是方舟投資的創辦人），可見女性參與投資，成果也足以和男性一爭高下。投資不是男性的專利，女性也不要放棄學習投資的機會，有時不是不懂，只是不願意去學習罷了！

　　我本身是文科出身，從小數理的理解力不佳，也不懂股市的 K 線、均線、季線，但我覺得學習存股，除了理解一些殖利率、財報數據之外，更重要的是「心態」，規律買進，長期持有的

動作，和數學能力沒有太大關係。如果僅僅學好數學靠投資就能賺錢的話，那些商學院每年頂尖的畢業生早已占滿所有富豪排行榜的位置，然而事實並非如此。

其實女性有些特質比男性更適合投資，例如：保守穩健、樂於虛心請教，也較能耐心持有，平時私訊向我問問題的粉絲，十位之中約有七位都是女性。

如果投資有成，不僅能讓自己的口袋滿滿，想買什麼奢侈品完全不求人（但老公該送老婆的還是要送喔！），甚至還能讓整個家庭經濟得到改善，一同擁有更富裕的物質生活，何樂而不為呢？

小資女子們，一起來學投資吧！

「生活備用金」
是大無畏的底氣

　　有許多存股新手朋友常私訊問我一開始該存哪個標的？每個月該規畫多少錢存股？我一律回答：要先存好「生活預備金」才能開始存股喔！

　　自從開放盤中零股交易，投資的門檻降低許多，券商紛紛推出各種定期定額的買股方案，每月付出三、五千就可以當公司的小股東。加上現在股市狂飆，大家都摩拳擦掌，急著想進場大展身手，卻被小車的一句「生活預備金」潑了一大桶冷水。

為什麼一定要存生活預備金

　　許多存股達人一再強調要用閒錢投資，並且預留好「生活備用金」，之後才能使用薪水的閒錢進場，到底是為什麼呢？

所謂「生活備用金」就是一筆「現金」，平時存著不動，也不拿來投資，專門用來應付生活中的突發事件，如：失業、生病動手術、房屋或車子修繕……等，緊急且需要大筆支出的情況。

當我們急需一筆錢，又正巧碰上股市大盤狂飆時，直接賣股換現金絕對沒問題，說不定既解了燃眉之急，還能順便小賺一筆。然而，如果偏偏遇上 2020 年 3 月的股災，情況就不一樣了。假設你在 2020 年 1 月用 29 元買的玉山金，一路跌到 3 月最低 20 元，很不湊巧，你在此時急需用錢，身上卻沒有足夠的「生活預備金」，結果只好以一張 20 元賠售換錢，等於賣一張虧 9 千元，豈不是太不划算了呢？

由於存入股市的錢就和綁儲蓄險一樣，中途解約套現是會虧錢的，故能不動就盡量不動，以免累積多年的複利前功盡棄。倘若我們在進場買股票前先存妥「生活備用金」，遇到緊急情況便能有恃無恐地動用這筆錢（用完記得要存回去），也不用逼自己去賤賣股票。

再者 2021 年 5 月，台灣因新冠疫情肆虐進入三級警戒，許多行業收入都大打折扣，甚至有公司在放無薪假，若當時真的走到封城這一步，拚的就是每個家庭的財力，存好「生活備用

金」至少還能供家裡吃一陣子老本或臨時就醫之用。無論投資與否，存「生活備用金」是每個家庭都該做的事。

因此，足夠的「生活預備金」是我們面對「生活」及「投資」皆能大無畏的底氣。

生活備用金要存多少

一般建議是半年到一年的生活費。如單身一個月薪水 3 萬元，可以存 18 ～ 36 萬的備用金。小家庭至少要存單身的 1.5 倍，亦 27 ～ 54 萬。講到這裡，恐怕已經讓很多想存股的新手卻步了。雖然金額有點多，但足夠的備用金能幫助我們在股海裡「有恃」無恐，無論是熊市或牛市，都可以安心領股利。有急用時也不須賣出累積多年的金雞母，只要動用最容易貶值的現金即可。

若是對存股躍躍欲試，卻又無法短時間存到 18 萬的朋友，不妨採用折衷的方式，以不必償還任何貸款為前提，單身族先存 10 萬元預備金，小家庭存 20 萬元（勉強支撐 3 ～ 4 個月生活），將一個月薪水擠出的閒錢，一半繼續存備用金，一半用來存股，便能快一些開始投資。

生活備用金要放在哪裡

要放在自己最不容易花掉的地方。我個人是放郵局定存，雖然利率低，但只圖有人幫忙保管錢，不為獲利。因為放活存或數位帳戶，會讓這筆錢太方便被動用，很容易莫名其妙花光，所以我建議選擇定存，將這筆錢獨立於帳戶之外，眼不見為淨。定性不夠的人，還能利用紙本定存，設定到期自動續存，把解除定存一事弄得麻煩些，需要本人親自跑一趟郵局，藉此確保自己不到緊要關頭，不會輕易動用這筆錢。

有了「生活備用金」，
才能無懼突發狀況，安心將閒錢投入存股。

單身族　　　　　　　　小家庭

10 萬　　　　　　　　20 萬

先理財，再投資

　　根據 2021 年 3 月 23 日的台視新聞報導，人力銀行統計 39 歲以下的民眾，平均總存款只有 13.3 萬元，而且其中竟有高達三分之一的人是月光族，真是令人不敢置信。如果有薪水入帳時已是月光族，且戶頭存款僅有 13.3 萬（有些人搞不好還沒有），那退休後無薪資收入時又當如何？這樣的晚年生活一點也不令人期待。

　　要先理好財，才有更多的錢能投資。正視自己的財務問題，才有改變的可能。如果你的情況也和報導中的數據一樣，那真的要「立刻」做些改變了，日日抱怨現狀卻仍及時行樂，只會讓自己的抱怨永遠停留在抱怨。開源也好，節流也好，從現在開始行動吧！

我的薪資管理實務分享

先理好財，才能順利挪出投資的本金。大家通常比較會犯的毛病，就是在薪資入帳後，把要用的花一花，月底才將剩的錢拿去存股。然而，沒有任何自我約束的情況下，月底常常所剩無幾，導致存股效果不彰。

工作累了就想犒賞自己，看到社團商品就想跟著「＋1」，遇到連假就想來個小旅行……，心中充滿花錢的欲望是人之常情，但該如何讓自己克制欲望時少些痛苦，存錢存得更輕鬆、持久呢？

以下是我這幾年來管理薪資的方式，已成功幫助自己存到每年預定的存股金額，提供大家參考：

每月薪資使用流程

1、月初薪資入帳
2、立刻將本月要存股的金額匯入證券戶。
3、繳交孝親費
4、家庭固定支出的費用領「現金」出來，放在信封袋備用。
5、繳信用卡費（若非月初繳，先領出來放信封）
6、最後帳戶剩的錢才是自己本月可用的生活費。
7、月底若帳戶有餘錢，保留 3 ～ 5 千備用兼娛樂費，其他撥至證券戶存股。

接著是下個月薪資入帳，每月如此循環。

細節操作建議

1、證券戶和薪資帳戶「分開」

這樣投入股市的錢和發放的股利才不會被「誤花」。

2、信用卡費只繳一次

信用卡使用一張，或者不同張但同屬一間銀行，目的是只需要繳一次信用卡費，方便管理且避免遺忘，如此月初把卡費繳完，剩下來就是可以花用的錢。信用卡費也盡量控制在一萬元以下，超過就用現金付。且刷卡不要分期付款，當月帳單當月一次付清，每個月的薪資都是乾淨不用還債的，方便妥善規畫運用。

3、生活帳戶的錢夠用就好

生活費帳戶就是薪資帳戶，盡量只留當月生活費，帳戶錢太多，看了就會想花。若核撥績效獎金、年終獎金入帳，直接匯進證券戶或定存，維持帳戶只看見當月生活費為原則。

4、跟自己「借」錢

倘若月底生活帳戶真的沒錢了，就跟自己的證券戶「借」一點錢，待下個月薪水入帳時立刻補齊。

證券戶需要記帳

我的生活費沒有特別記帳，反正生活費戶頭裡的錢快沒了，自然就會省著點花。不過倒是強烈建議買賣股票的「証券戶」要記帳。我本身沒有用什麼 app，純粹用手機的記事本記錄，內容包括：

1、帳戶餘額
2、即將扣款金額
3、實際上真正的餘額
4、買股日期、股名、股數、單價、總價（含手續費）

因為「今天下單」買股後，帳戶要「後天」才會扣款，若不記下的話，會誤以為自己帳戶裡有多餘的錢。

📝 **舉 例**

1、**帳戶餘額**：4841
2、**即將扣款**：
　　—1195
　　—2974
3、**真正餘額**：672
4、**買賣明細**

2021 年					
買股日期	買賣	股名	股數	單價（元）	含手續費總價（元）
03/31	買	台積電	5 股	594 元	2974 元
09/09	買	華南金	1000 股	20.85 元	20879 元
09/29	買	華南金	1000 股	20.2 元	20228 元

記錄購入歷史，主要是因為股價每天漲一點容易讓人麻木，跟一個人發胖一樣，天天看習慣了就不覺得自己變胖，直到看見三、四年前的照片，才驚覺原來自己胖了這麼多。所以要記下每次買賣，以便日後下單時提醒自己不要追高，也有助於早日熟悉自己的持股或 ETF 的價格上下區間。

 小車提醒

以上操作是假設「半年的生活預備金」已存在郵局定存為前提，若未存好備用金，請先存好再開始投資喔！

▌購物滅火有三招

若想加快存股的速度，「開源」固然重要，同時也要搭配「節流」才能真正把錢存下來投資。除了每月先將要存股的錢匯入

證券戶、只留生活費的做法外，我們在購物前，不妨先釐清自己是「需要」還是「想要」？沒有這樣東西，生活會不會因此不便？

假設家中熱水器壞了，即便一台價格再貴也得買，因為沒有會造成生活不便。不過並非所有家電壞了都需要再買，以電視為例，原本家中房間和客廳各有一台，最近我家房間的電視壞了，但這幾年的居家娛樂使用手機、平板、電腦的次數已大幅超越了電視。有時甚至一星期不開電視都沒什麼感覺，而且如有需要可以去客廳看，因此最後決定不買房間電視了。

小額消費最容易失守

基本上面對大筆的消費金額，大家都能做到謹慎判斷，但生活中最常失守的卻是「小額消費」，一筆 2 千元的小額消費，看似無害，只要累積 5 筆就不知不覺花了上萬元。

比方說，我最近在媽媽社團裡看見一組非常美的巧拼地墊，要價 2999 元，許多人在下面留言搶購，這種氣氛下真的容易讓人也想跟著「＋1」，但家中的地墊沒壞，如果買了新的，舊的又有些浪費……，猶豫不決之際，決定先去處理家中瑣事。沒想到這一忙就錯過了訂購時間，回過神來發現地墊早已完售出貨了，心裡竟有種戰勝購物欲的成就感。

購物前滅火三招

金錢有限，但人的欲望無窮，在此分享我的購物滅火三招：

1、自問沒買會不會造成生活不便？

如前所述，先思考會不會影響生活，尤其是家中已有類似功能的產品，就要謹慎考慮有沒有必要再買。

2、將購買金額換算成能買的零股

下標之前，先想想 3 千元可以買 5 ～ 6 股台積電，每年一股發 10 元，一年能發 50 ～ 60 元給我；或換算成合庫金 150 股，一年保守估計發 1 元股利，每年會給我 150 元，但地墊一毛錢都不會給我。想到這裡，火差不多能滅掉一大半了。

3、加入購物車，隔幾天再結帳

若還是很想買，可以先加入購物車，去忙別的事，等忙完一圈，或睡一覺隔天起來，思緒就能平靜許多，屆時再判斷需不需要買。

當然，生活這麼苦悶，還是要適時來些小確幸，我會規定自己這些小確幸的金額每個月控制在 5 千元以下，或最多 3 筆 2 千元左右消費。若超過預算金額還是很想買，可以先加入購物清單，待下個月有新額度時再買。

開源節流，嚴守紀律投入，持續累積資產，多年後你會感謝現在的自己。

先資產後負債，
延後享樂很值得

　　投資高手都知道：「要買進資產，別買進負債。」那麼到底何謂資產，何謂負債？資產與負債不是用物品的價格高低去區分，花大錢買入的物品不一定值錢；花小錢買進的物品也不一定廉價。

　　同樣是 100 萬，你能選擇買進一台汽車或 50 張金融股股票，但 10 年後優質的股票能透過每年 5％複利，成長為市值 162 萬元的股票；而汽車只會折舊成令人想換掉的廢鐵。因此，股票是資產，而汽車是會損人錢財的奢侈品。

資產要能保值

　　我的想法很簡單，資產必須要有「保值」的功能，也就是持有多年後賣出，價格不會打折太多，甚至還有增值的效果。以汽車與名牌包為例，新品都要價不斐，一旦買進開始使用，

無論狀態維持得再好、再新，二手市場的價格必定是從五折開始往下降，所以汽車、名牌包再貴都不能算是資產。

當然，為了出席隆重場合，擁有一、兩個名牌包並不為過，但須明白買包就是純為犒賞自己的支出，千萬不要有買進資產的錯覺。至於要不要買汽車，在購入前可先衡量一下是否為必要支出。假設住家位於大眾交通工具無法抵達的地方，那買車即為必要的消耗品；倘若是住在交通四通八達，只是偶爾想趁假日開車去郊遊，車子便是非必要的奢侈品，可以考慮以租車代替購買。

不過，也不盡然所有的奢侈品都不保值，例如古董或名畫，它們的價值可能會隨時間或作者名氣而水漲船高，因此擁有藝術品也算是資產，當然這很考驗收藏家的眼光。

買好房與買好股

至於房子算不算資產？《富爸爸，窮爸爸》一書中認為，自住房無法帶來現金流，算是負債；出租房能有房租收入，才算資產。但我仍深受傳統「有土斯有財」的觀念影響，覺得擁有自住宅才能安頓自己的內心，家是永遠的避風港，擁有自己的房子就不必擔心年老體衰時，房東將我們掃地出門，所以我認為自住宅雖為龐大的負債，在心靈上卻是必要的存在。

儘管買下自住宅不為賣出，但好的地點和生活機能，可以

讓房屋更加保值，無論是自住或日後換屋都較有籌碼可談。捷運站周邊、明星學區、優質文教區，其房子的保值功能是不容置疑的，甚至還有大幅增值的空間。倘若房子買在郊區，或是炒作過度的重劃區，一旦房子折舊或者重劃區話題消退，日後換屋就有賠售的可能。

買進股票也需要挑選能保值或增值的優質股，資產才能越滾越大；萬一買錯公司的股票，也會有下市變壁紙的風險。因此，購買股票和房地產前，都需要謹慎做功課，才能讓我們的現金發揮最大的功效。

「選擇」比努力重要

《先別急著吃棉花糖》書中提到「延後享樂」的重要性，資產累積亦是如此，年輕人的優勢在於時間，但成敗的關鍵卻在於「選擇」。

省吃儉用存下了人生的第一桶金，是選擇馬上買車享樂，讓100萬10年後化為烏有；抑或選擇買進優質股，透過每年5％複利，10年後滾成162萬，屆時扣除買車的100萬（2％通膨率頂多變成121萬），還多了62萬的資產；甚至選擇不買進負債，讓162萬加上自己的薪資閒錢持續複利下去，打造更好的財富未來。

不同的選擇成就不同的人生，你的選擇是什麼呢？

為什麼要存股？

　　每個人的天賦、才能不同，成就面向也各異。倘若能夠了解自己的優劣勢，將心力放在「對的位置」上，或許相同的努力能取得更大的成就。

人的位置要對

　　2021 年東京奧運，拿下台灣史上首面羽球金牌、由李洋與王齊麟組成的寶島男雙「麟洋配」，其實並非羽壇雙打新人。他們二人之前也各自和不同的夥伴搭配雙打，無奈比賽成績始終無法有突破性的表現。

　　然而，自從 2019 年「麟洋」組合成立，兩人的搭配便產生了新的化學效應，第一年就在全英公開賽收下第 4 名，創下台灣羽球男雙全英賽史最佳成績；2021 年更進一步登上了奧運的最高殿堂，不僅收穫了自己多年苦練的碩果，也成為台灣人的驕傲。

女子舉重 64 公斤量級選手陳玟卉，在奧運初登場就拿下銅牌，一舉成名。其實她國中時原是田徑三鐵的選手，經教練遊說下才轉換跑道改練舉重，成就了今日的自己。

　　由以上的例子可知：辛苦耕耘固然重要，但了解自己、把自己放在對的位置，反而能發揮更大、更好的效果。

錢的位置也要對

　　投資也一樣，只要把錢放在對的位置，靜待時間累積，成功自然水到渠成。以人生存到的第一桶金為例：

	情況 1 100 萬 拿去買車	情況 2 100 萬 放定存 （1 年 0.81%）		情況 3 100 萬 綁儲蓄險 （20 年後開始複利 3% 小車自身儲蓄險合約）		情況 4 100 萬 投入存股 （1 年 5%）	
	金額	金額	總報酬率	金額	總報酬率	金額	總報酬率
10 年後	0	108 萬	8%	100 萬	0%	162 萬	62%
20 年後	0	117 萬	17%	100 萬	0%	265 萬	165%
30 年後	0	127 萬	27%	134 萬	34%	432 萬	332%

由上表可知：

1、買進消耗品

100 萬拿去買一台轎車，10 年後資產為零。

2、放在定存

10 年後資產為 108 萬、20 年後 117 萬、30 年後 127 萬。然而每年 2％的通膨率，30 年後需要增長到 181 萬，才能和原本的 100 萬等值。因此，定存 30 年的錢遠遠趕不上通膨的速度。

3、放在儲蓄險

以我自己年輕時買入的□□人壽儲蓄險 20 年期為例，20 年以內資產維持原狀，提前解約還要扣錢，獲利連定存都不如。原以為撐過 20 年，第 21 年起就能開始不冒任何風險地穩拿 3％複利，和存股的 5％相差不遠，看似很划算，但認真算起來，儲蓄險從第 21 年複利 3％到第 30 年變為 134 萬，儘管小贏定存的 127 萬，依然遠遠追不上通膨，更別說與存股之間的距離了。

4、放在存股

保守以年獲利 5％計算，10 年後資產成長到 162 萬、20 年後提升至 265 萬、30 年後竟滾到 432 萬。不僅大幅戰勝通膨，更讓自己的資產翻了 4 倍多。

當然你也能選擇賺價差的零和遊戲，搭上航海王、鋼鐵王的列車，壓對寶直接財務自由，但結局好壞也相對極端，也許 3 個月提早退休，也許 3 個月資產減半。

認識自己、了解自己，把自己放在適合的人生道路上，然後也別忘了檢視一下辛苦存下來的錢，有沒有放在對的位置上，才不枉費逝去的光陰。

以「股利」打造無憂生活的第二現金流

成語「狡兔三窟」意指狡猾的兔子有三處藏身的洞穴，可以在緊急關頭逃過獵人的追捕，用來比喻有多處藏身或有多種避禍的準備。其典故源於戰國時代，齊國一位著名的宗室大臣孟嘗君，平日門下有三千名食客為他出謀劃策。其中一位特別有遠見的門客名叫馮諼，他運用智慧替孟嘗君打造了三窟（亦即三條後路），使齊國國君有所忌憚，成功輔佐孟嘗君無災無禍，穩坐相國高位數十年。

這個故事放在現代職場似乎也頗管用，即便我們的工作環境沒這麼多勾心鬥角，至少在自己的經濟來源上，也需要打造三條後路，以備生活不時之需。

```
❶ 本業收入
❷ 生活預備金
❸ 第二條現金流
```

　　當你的生活擁有這三窟，才能像孟嘗君一樣高枕無憂。第一窟以本業收入為基礎；第二窟「生活備用金」則如 2-2 小節所述，是用來因應日常的緊急需求，平時備而不用；至於「第三窟」，因為每人擅長的領域不同，選擇也會不同，如：開創副業、當包租公、架設 Youtube 頻道、Podcast 賺取斜槓收入⋯⋯，不管方式為何，只要能開創第二條穩定的現金流，就能讓生活更有保障。而我選擇的第三窟，就是「存股領股利」。

　　2021 年 5 月台灣疫情爆發，導致許多人本業收入銳減，一些受到波及的朋友不得不動用生活備用金。純支付家庭基本開銷尚稱充裕，但若再加上房貸，備用金能撐的時日恐怕又更短了，這也是我主張存股一定要存到股利足夠支付大部分房貸時才購屋的原因。

　　或許有人會質疑，社會整體經濟不景氣，公司股利也會縮水，「存股領股利」這條第二現金流未必可靠。不過，我們必須了解一點，股利的反應其實很遲鈍，無論好壞都要一年後才有感覺。以 2021 年為例，2021 年 8 月領的是 2020 年的獲利，

該年衰退比例不大，因此我們在疫情期間領到的股利不會太差，持股越多，股利對於現實生活的雪中送炭效果越大。

即便 2021 年的公司獲利衰退，也將反應在 2022 年的股利上，或許那時疫情早已解除，大部分的人得以重新獲得本業收入，股利少一點，影響也不大。就算到 2022 年經濟都還沒復甦，多領股利仍比純吃老本的人撐更久。

因此，「狡兔三窟」的智慧時至今日依然受用無窮，「本業、生活預備金、第二現金流」這無憂生活三窟，趕快一起來打造吧！

第三章
放心買、安心存！
——簡單存股 3 步驟

3

3-1
步驟一：挑選績優股

　　「存股小教室」系列文章主要是介紹「存股的相關知識」及「細節操作的實務分享」，按照存股實際執行的三步驟：「挑選績優股」→「買進」→「持有」逐一詳細闡述。

　　不論你是存股新手或老手，一起來檢視一下有沒有自己遺漏的觀念吧！

存股小教室 1

新手該從哪些股存起？

　　曾在第一章提過，若我們的存股目標是希望未來靠股利生活、付房貸或房租的話，可選擇每年殖利率 5%～ 8%的優質股作為核心持股，其篩選條件是：

 小車核心持股條件

❶ 穩定配息超過 10 年以上。

❷ 每年配息落差不要太大。

❸ 股價波動小，可以安心持有。

❹ 公司大方，盈餘分配率 70%以上（賺 100 元發給股東 70 元以上）。

❺ 股息殖利率 5%以上（殖利率查詢、計算方式，請參考P.62）。

　　根據以上原則，我篩選出來的核心持股是「兆豐金、合庫金、華南金、玉山金，以及元大高股息 ETF（0056）」，其價格挑在殖利率 5%以上時買進。除了核心持股之外，也可以搭配一些成長股或趨勢向上的 ETF，如：台積電、0050、統一 NYSE FANG+ ETF（00757），來提升資產市值的成長速度。

不過，新手該從哪些股開始存起呢？

建議大家可以根據自己「對價格起伏的耐受度大小」來決定標的。現在僅就我所持有的優質股來分類說明：

奈米膽 ➡ 合庫金、華南金

這兩檔中價位的官股金控，在不爆雷的正常情況下，兩家是哥倆好，獲利、盈餘分配率、價格都相似，全年價差不大。一年之中，原本合庫金的價格波動算是最小的（19 ～ 22 元），不過於 2022 年初飆漲至 27 元，須留意高點慎入；華南金因旗下華南永昌證券虧損 [*] 一事導致股價下修，不過價格波動幅度依舊不大（17 ～ 22 元）。這 2 檔每年除息後若 EPS 相似，可以換算哪檔殖利率高就買哪一檔。

小膽 ➡ 兆豐金、玉山金、元大高股息 ETF

玉山金：24 ～ 30 元

玉山金屬民營銀行，獲利積極，盈餘分配率跟官股銀行一樣大方，股本尚在成長期，願意配股，股利比例是現金與配股各半，還原殖利率 8％以上。缺點在於外資持有比例高，容易受其調節影響，股價波動稍大，一年價差起伏約 6 元。

* 編註：2020 年 3 月 12 日，美股開盤不久旋即暴跌，觸發一級熔斷，導致全球股災。而華南永昌證券因權證交易避險不及，短短 8 天虧掉 7 年獲利，該年三月的虧損高達 47 億元。

兆豐金：28 ～ 39 元

兆豐金是官股金控獲利模範生，為政府特許之國際貿易及匯兌專業銀行，擁有「外匯業務」的護城河。一年之中的價差有時會大到 11 元，存股新手抱到接近年底的低價期會有些難受，而接近六、七月除息前的高價期也要能戰勝心魔不賣，是個小考驗。

元大高股息 ETF（0056）：27 ～ 36 元

其優點是風險幾乎為零，ETF 為 30 家公司的組合，不可能30 家公司一起倒閉。

缺點是股價波動較金融股大，自從成分股納入航海王之後，股價更是一發不可收拾，27 ～ 36 元的價格都出現過，一年價差起伏約 9 元，要能在高點守住不賣，確實滿考驗人性的，建議可挑選價格落在殖利率 5％時買進。

大膽 ➡ 元大台灣 50、台積電

元大台灣 50（0050）：100 ～ 152 元

0050 是台股市值前 50 大公司所組成的 ETF，一口氣持有台灣前 50 強的公司，風險相對非常小，哪天這 50 家公司倒了，台灣也差不多完了。不過買進 0050 要著重於股價的成長性，因為其股利殖利率不高，僅 3％上下。由於台積電占了將近50％，故股價波動頗大，一年價差約 52 元，適合久經沙場、起

伏無動於心的老手，以及觀念相當正確的投資人，才能守住既有的資本利得持續累積。

台積電：436 ～ 688 元

更進階一點可以直接挑戰台積電，單壓個股風險雖提升，但台積電並非普通個股，它擁有技術領先全球、EPS 持續成長的優勢，在 2 奈米量產之前，向上趨勢不會改變。不過電子個股價差更大，一年價差 252 元，適合較大膽、對台積電頗有研究且深具信心的投資人持有。買進方式建議定期定額，避免套在過高的價位上。

以上為小車持有的心得，大家可以多加參考，挑選符合自己個性的投資組合！

存股小教室 2

配息好還是配股好？

在回答這個問題之前，最重要的，必須先做功課挑選獲利配息穩定的優質股。存股的前提，必須先找到優質股並在合理的價錢進場。劣質、誠信有瑕疵的公司，就算發配的股利再多、殖利率再高，都不該是我們託付辛苦錢的對象。

找到優質股之後，接著要來決定：配息好還是配股好呢？我個人是傾向「配股比例高」的股票。

因為配現金的報酬率就等於殖利率（殖利率＝股利 ÷ 本金 × 100％），沒什麼想像空間。反觀配股，正規殖利率是以每股 10 元的價格來計算配股。但許多優質金融股的價格其實超過 10 元很多（如：玉山金、華南金、合庫金……），若將配股賣掉（雖然我不會賣）再加上配息去計算，報酬率絕對高出網站公布的數字。因此，以現有的殖利率算法來衡量有配股的公司，顯然太委屈它們了。

以合庫金和出包前的華南金為例，兩家皆為官股銀行、獲利策略較保守、全年 EPS 相近，並且價格也屬於同一個層次。華南金在出包大跌前，2019 年的均價為 20.4 元，這和當時均價

20.1 元的合庫金堪稱哥倆好，從條件、價格到盈餘分配率都差不多，唯一的差別只有配股的比例不同。

假設我們在2019年各買了一張（1000股）華南金和合庫金，下面來比較一下兩者的股利報酬率：

華南金：

配現金 0.55 元 × 1000 股＝ 550 元

配股 0.55 元 × 1000 股＝ 550 元

公司直接幫我們以一股 10 元的價格買入自家股票，因此一張配股為：

550 元 ÷ 10 元＝ 55 股

20.4 元（華南金均價）× 55 股＝ 1122 元

20.4 元 × 1000 ＝ 20400（一張華南金的價格）

→報酬率：（550 ＋ 1122）÷20400 × 100％ ＝ 8.1％（較佳）

合庫金：

配現金 0.75 元 × 1000 股 ＝ 750 元

配股 0.3 元 × 1000 股＝ 300 元

公司直接幫我們以一股 10 元的價格買入自家股票，因此一張配股為：

300 元 ÷ 10 元＝ 30 股

20.1 元（合庫金均價）× 30 股＝ 603 元

20.1 元 × 1000 ＝ 20100（一張合庫金的價格）

→報酬率：（750 ＋ 603）÷ 20100 × 100％ ＝6.7％

因此，在兩家股票體制、獲利和價格都差不多的情況下，我比較傾向於配股比例高的華南金。當然，小孩子才做選擇，你也可以兩個都要，藉此分散風險，避免發生類似 2020 年華南金旗下證券的爆雷事件而影響該年股利收入。

不過配股比例高的股票，購入後也須關注其獲利能否持續成長，倘若獲利跟不上配股的腳步，配股多反而會稀釋掉來年的 EPS，導致下一次股利縮水。

> 本篇僅為表述個人挑選股票的思維模式，並沒有什麼高深的理論依據，執著於正規殖利率算法的大師不喜請略過。

存股小教室 3

當心 10 元以下的股票，配股會不划算

前面提到我偏愛配股比例高的股票，但並非所有股票的配股都很划算，其中有一大前提：那就是股價必須「超過 10 元」。

每年「所得稅」計算股利收入的方式，股票股利是以「一股面額 10 元」計，而非使用股市買賣的價格。不論股價高或低，只要是配股，一律算一股 10 元，所以股價超過 10 元越多，配股納入所得計算就越划算。就好像一家店清倉大拍賣，全部商品均一價 10 元，消費者當然帶走越貴的物品越划算。

超過 10 元的股票

以玉山金 2021 年發放的股利為例，股票股利為 0.61 元，一張的配股金額為 0.61 元 ×1000 股 = 610 元，公司以一股 10 元的價格買下玉山金股票送給我們，因此擁有一張玉山金可得到 610 元 ÷10 元 = 61 股，股票股利所得國稅局以 610 元計。

但玉山金實際的股價卻超過 10 元不少，保守以 25 元計算，把配股賣掉實際可得 25 元 ×61 股 = 1525 元

實得 1525 元，我們的所得國稅局卻只算 610 元，非常划算。

低於 10 元的股票

以臺企銀 2020 年發放的股利為例，股票股利為 0.5 元，一張的配股金額為 0.5 元 ×1000 股＝ 500 元，公司以一股 10 元的價格買下臺企銀股票送給我們，擁有一張臺企銀可配 500 元 ÷10 元＝ 50 股，收入所得國稅局也以 500 元計。

但臺企銀 2021 年均價為 9.6 元，如果賣配股才實得 9.6 元 ×50 股＝ 480 元。亦即，實得 480 元，收入所得卻要以 500 元計，張數一多，累計起來也是一筆不小的差額，這些被多報的股利收入還有多繳的稅，真是啞巴吃黃連，有苦說不出呀！

因此，有配股的股票不一定都划算，至少股價要高於 10 元，計算所得收入時才不會吃虧。股價超過 10 元越多，配股實際獲得的資產價值就越高。假如台積電配股的話，市價一股 630 元，股票所得收入國稅局只以一股 10 元計，應該會引發搶購熱潮吧！

存股小教室 4

認識金融業三大指標，
「官股四金」和「玉山金」大 PK

挑選金融股，除了研究基本面外，還須額外觀察三大指標，來了解其體制是否穩健與安全。在開始之前，須了解幾個先備知識：

▲ 銀行股與金控股

1、銀行股：只有銀行一個獲利單位。
2、金控股：除了銀行之外，還有保險公司、證券業、期貨業……等其他金融類的子公司。因此，有可能會發生旗下銀行獲利不錯，但證券賠錢，兩相抵消，使得整體金控 EPS 打折，如：2020 年的華南金。

▲ 官股的四金二銀

「官股銀行」意指政府持有股票比例較高，擁有高層的任命權。雖有時須配合政策放款，且獲利策略保守，但有政府這個最大的靠山，仍是存股族心中的穩定首選。「四金」是指兆豐金、第一金、合庫金、華南金；「二銀」是彰銀、臺企銀。

　　至於彰銀與台新的經營權纏訟多年，前景不明，而臺企銀各項金融指標稍差，且踩雷不斷，因此小車較推薦「官股四金」。

▲ 正式進入主題——金融業三大指標

　　存股以長期持有為原則，當然選擇穩健的金融股可以讓人抱得安心、長久。我們可以透過金融業三大指標「資本適足率」、「備抵呆帳覆蓋率」、「逾期放款比率」來觀察各家金融業營運的穩健程度。

　　下面以存股族最愛的「官股四金」，以及對股民最大方的民營金控「玉山金」為例，觀察其金融業三大指標。由於兩者皆以自家銀行為主要獲利來源，所以想來比較一下這五家金控旗下的「銀行」。

一、資本適足率：越高越安全（大於 8%）

> 資本適足率＝自有資本 ÷ 風險性資產 × 100%

　　資本適足率（BIS ratio），意指銀行自有資本淨額除以其風險性資產總額而得的比率。若自有資本不變，風險性資產（分母）越大，資本適足率就越小，銀行的風險就變高。我國銀行法規定最基本必須大於 8%，以免金融機構操作過多的風險性資產，影響到銀行經營的安全性及財務健全性。

根據金管會最新資料（2021 年 9 月）：

兆豐銀：14.30％

第一銀：13.87％

合庫銀：14.71％（最高）

華南銀：14.07％

玉山銀：14.32％

官股四金和玉山金旗下的銀行都超過 8％許多，皆為安全性高的公司，其中以「合庫銀」的資本適足率最高。

二、備抵呆帳覆蓋率：越高越好 （越高承受呆帳的能力越大）

備抵呆帳覆蓋率＝備抵呆帳費用 ÷ 逾放款（呆帳）×100％

備抵呆帳覆蓋率（NPL Coverage Ratio，又稱逾期放款覆蓋率），意指銀行為了收不回來的錢（即呆帳）所做的準備，即備用金可以拿來支付呆帳的比例。若 100％就代表所準備的錢剛好夠付呆帳，但這樣抵完銀行就沒錢了，因此通常會準備超過100％很多，以備不時之需。比例越高表示銀行承受呆帳的能力越強。

根據金管會最新資料（2021 年 12 月）：

兆豐銀：573.23％

第一銀：620.31％

合庫銀：541.67％

華南銀：826.9％（最高）

玉山銀：783.84％

臺企銀：422.69％

其中以華南銀 826.9％最高，呆帳承受能力最好（但不希望有太多呆帳喔！）。國內銀行平均值為 776.24％，兆豐銀、第一銀、合庫銀的備抵呆帳覆蓋率雖也遠超過 100％，但低於整體銀行平均。特別列出臺企銀，備抵呆帳覆蓋率 422.69％，亦即備用金只夠付 4 年的呆帳，感覺有點吃緊。

三、逾期放款比率：越小越好（小於 3％）

逾期放款比率＝逾期放款 ÷ 總放款 × 100％

逾期放款比率（Non-Performing Loans Ratio，NPL，簡稱逾放比率），即呆帳的比率，越高表示銀行的呆帳越多，放款品質越差。一般而言，逾期放款比率在 3％以下，表示銀行的放款品質較佳。

根據金管局最新資料（2021 年 12 月）：

兆豐銀：0.26％

第一銀：0.20％

合庫銀：0.22％

華南銀：0.15％（最小）

玉山銀：0.16％

臺企銀：0.28％

　　這五家以華南銀 0.15％呆帳率最少（2020 年出包是華南永昌證券，參考「存股小教室 1」），國內銀行平均為 0.17％，兆豐銀、第一銀、合庫銀、臺企銀雖都遠低於標準的 3％，但呆帳比率高於整體銀行平均，還是有努力的空間。

　　以這三大指標來檢視官股四金和玉山金，你會發現「華南金、玉山金」旗下的銀行表現較出色，尤其是華南銀的「備抵呆帳覆蓋率」、「逾期放款比率」都是五家中最優秀的。

　　一旦持有金融股，我們平時除了關注每月 EPS、盈餘分配率之外，也要偶爾檢視一下與體制穩健與否相關的金融業三大指標。每季金管會都會公告一次，正常情況下數據變化不大，建議一年檢視一次有無太大變動即可。

存股小教室 5

價格也是價值的一環

　　我們挑選存股標的時，主要應關注股票的價值，而非股票的價格，然而這並不表示完全不用參考價格，有句俗話說得好：「便宜沒好貨」。股票價格的形成，是一種經由雙方媒合、你情我願的結果，出高價有人願意買，代表他認同這間公司的價值；倘若某支股票在大眾眼中缺乏價值，就算出價再高也無法成交，所以價格其實也反映了一部分的價值。正如台北市蛋黃區50年以上的舊公寓，價格還是比大台北蛋白區的新成屋昂貴，原因就在於其位置深具價值。

為什麼官股金控比民營貴

　　舉金融股為例，官四金（兆豐金、合庫金、華南金、第一金）同樣的價格也許可以買到殖利率更好的民營銀行，但相同的獲利等級，為什麼官股價格硬是比民營貴呢？

　　大家所圖的不過是「安心」二字而已，太平盛世之際，各家銀行百花齊放、共榮共存，民營銀行的表現和官銀相比，確實有過之而無不及。不過，假設不幸遇到金融風暴、大環境不景氣，資本額不足或投資過多高風險金融產品的銀行，便容易發生周轉不靈的情況，若政府不願出手相救，倒閉的風險相對較高。

2008 年的金融風暴，連美國最大的花旗銀行都曾跌破一美元差點倒閉，最終靠美國政府的全面救助才免於破產。然而，花旗銀行算是幸運的，其他許多銀行則面臨被併吞或直接破產倒閉的命運，如：雷曼兄弟控股公司。

因此我挑選金融股時，除了買進民營金控衝刺外，同時搭配了較多比例的官股金控，設想萬一發生金融系統性風暴，政府最初必定會盡力協助所有公司，但倘若資金有限無法一一援助，勢必只能先救大間、指標性的官股銀行，所以官股模範生兆豐金價格貴，自然有其道理存在。

價格低廉的原因須深究

假設有一檔股票無論市場景氣多旺、利多消息出盡，股價起伏始終偏低，其中必定有價格低廉的原因，投資前應深入研究。當然，也許有些公司在產業初期獲利未爆發，價值無法如實反應在價格上，而你恰巧發現了不為人知的價值，也是有可能成功押到一檔成長股，這就要看個人選股眼光精準與否了。

總之，價格雖然會起伏，但也反應了一定程度的價值，誠如證券教父科斯托蘭尼（André Kostolany）的「遛狗理論」指出：公司價值是主人，價格像是小狗。小狗會因為外在環境刺激而上竄下蹦，但無論怎麼亂跑，始終不會脫離主人太遠，因此，價格也是反應價值的一環，選股時也該納入考量。

步驟二：買進

　　很多朋友從股市 11,000 點問到 18,000 點，還在問股市高點可以買嗎？若存股的初衷是為了「長期持有領股利」的話，那麼買股票就和到市場買菜一樣，再貴也是要買。菜再貴也是天天得吃，股票再貴依然要買進才能累積張數。

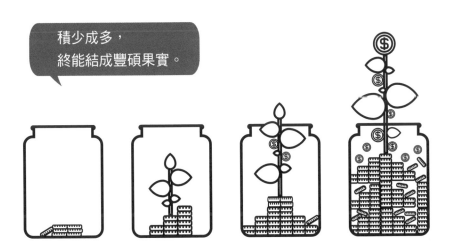

積少成多，
終能結成豐碩果實。

存股小教室 6 　粉專人氣文章

各類股票怎麼買？

不同類型的股票，買進方式也不同，以下將進一步說明。

金融股：「除息後」一張一張買

殖利率高的金融股，價格非常牛皮、波動極小，即使股市來到了 18,000 點，官四金的起伏不大，顯示其價格受制於殖利率這塊天花板，不太容易因炒作產生 5 元以上的價差，故很適合當作核心持股（存股領股利）。

金融股一天在盤中的波動多半都是小數點上上下下，有時甚至半個月到一個月才漲那少少的 0.3 元，但零股交易大多比市價貴 0.2 ～ 0.3 元左右，若長期買金融零股，會導致均價比市價貴個 0.3 元，幾乎等於一個月的漲幅。所以，我個人傾向一張張購入金融股，因為整張能直接買到便宜的時價。

再加上金融股一年的價格起伏有其慣性：「8 月中除息後到 12 月」為每年相對低點，到了隔年 3 月公布股利股息後，價格就會一路漲至除息前。因此，我們可以把握這種慣性，選在「除息後到當年 12 月之間」（最晚隔年 3 月前）一張一張在相對低點時購買。

成長股：定期定額買零股

一些持續攀升的優質成長股，如：台積電或與大盤連動的0050，都是衛星持股的好選擇。

成長股優點是股價有較大的上漲空間，缺點是股利少、殖利率差，扣除股利後的除息價，通常一、兩天就能完成填息。

購買時不需要刻意等到除息後再買，因為它們平日的價格波動早已超過除息的幅度，所以這類型的股票「隨時」都可進場購買。

不過台積電與 0050 股價波動大，一筆資金直接 all in（一次全下）容易套在山頂，心情難免受影響。建議可用「定期定額」的方式購買零股，根據個人的資金多寡，一月一買、一週一買，甚至一天一買皆可，分批進場就能讓自己買進的價格落在全年均價，既然高點低點都會買到，就不易受到價格波動影響。

景氣循環股：產業不景氣的時候買

至於景氣循環股，如：水泥、鋼鐵、航運、塑膠……等傳產，可以選擇做價差或存股，但切記須在產業「不景氣」或「股災」時購入。待景氣回升（約 3 ～ 5 年）可以選擇高價賣出，或者持續抱股領股利。由於不景氣時買在價格谷底，所以均價能立

於不敗之地，抱起來輕鬆無負擔，產業回春時還能享受股利盆滿缽滿的樂趣。

然而我們須釐清景氣循環股並非成長股，就算企業文化再優良，獲利仍深受產業大環境影響而起伏不定，漲得再高終有回歸的一日，無法像成長股那般，有突破性的技術能讓股價向上去不復返。因此千萬不要在產業景氣高點、市場媒體鼓吹之下一頭栽進，當最後一位上車者，導致自己困在山頂少則三年多則五年，有些甚至等了十年才下得了車。

以上為各類股票的買進方式，只要掌握好其價格特性，無論大盤上漲或下跌，都能當個安心的股東。

有時股票的配置與進場也像一局棋。
——— 攝於法國 夏慕尼。

存股小教室 7

金融股買入的最佳時機？

金融存股族一年有幾個需要注意的時間點：

7、8 月

注意該公司公布的「除息日」，因為除息日當天的開盤價會扣掉股息，相對會便宜些。以兆豐金為例，2021 年除息日是 8 月 12 日，除息日前一天收盤價為 33.05 元，配 1.58 元的現金股利，33.05—1.58 ＝ 31.47，故除息日當天的開盤價，大概抓 31.45 或 31.5 元（因為小數點第二位只能是 5 或 0）。

不過，兆豐金的股性通常是「除息之後繼續往下跌」，會一路跌到 11 月左右，因此可以分散資金慢慢買。

至於有配股和配息的公司，除權息日的開盤價比較難算，但可至「證券櫃臺買賣中心」提供的網頁計算除息價。（詳細說明請參考 P.140「存股小教室 11」）

證券櫃檯買賣中心「除權除息參考價試算」連結
https://www.tpex.org.tw/web/stock/exright/exref/rightref.php?l=zh-tw

1 月

1 月是各家公司總結前一年 EPS 的時間，例如：兆豐金公布 2021 年的 EPS 是 1.89 元（即每股賺 1.89 元），此時我們便可根據往年的盈餘分配率去「猜」該年會配多少股利。

近年兆豐金盈餘分配率約 8 成，故可推算 2022 年 8 月發的股利大概會落在 1.5 元上下：

$1.89 \times 0.8 = 1.512 \fallingdotseq 1.5$ 元。

推算出股利後，以殖利率 5% 決定最後能買進的價格：

$1.5 \div 0.05 = 30$ 元

換句話說，倘若兆豐金價格超過 30 元，買入的獲利就低於 5% 了。儘管如此，還是比定存利率 0.81% 好很多啦！

3、4 月

時至 3、4 月，各家公司會陸續公布配發的股利，此時配多少股利算是塵埃落定，可把握公布股利配發之前做「最後加碼」，一旦公司發布股利政策新聞之後，股價就會開始起飛，一路漲到 7、8 月除息前了！

總結一下，「每年 7、8 月除息後～隔年 3、4 月公布股利前」，都是買入的好時機！

存股小教室 8

金融股該以什麼價格買入？

每個人對存股殖利率的接受度不一，小車認為若是以「領股利」為主的核心持股，價格可以抓殖利率 5% 以上買進。

> 殖利率 ＝ 股利 ÷ 買入價格 × 100%

由上列公式可知：買入價格越低，殖利率越高。但我們不必苛求一定要買在全年最低點，這樣反而會錯過買入的時機，只要基本盤 5% 以上就能進場了。不過，僅限於買自己做過功課的優質股，道聽途說的明牌，以及獲利來源不清楚的公司，就算殖利率再高也不能碰。

另外，股利的推算也會影響買入價格，金融股每個月都會公布營收的 EPS，到 8 月除息時，便已知道當年 1～7 月的累計 EPS，將其與前一年 1～7 月的 EPS 做比較，獲利衰退多少，就要做好股利打折多少的心理準備。反之，若有所成長則可多加期待，時間越接近年尾，全年的 EPS 越明朗。我們可以透過 1～7 月的累計 EPS，先合理推算該公司全年 EPS、股利，8 月除息後買進時，心中就有一個合理的價格區間，不至於受媒體炒作而買到高價。

每年除息後，如何推出買進個股的「合理價格區間」

金融股除息日大多在 8 月，要如何在除息日後，設定自己買進的「合理價格區間」？假設以 2021 年 8 月中除息的合庫金、華南金為例，截至 8 月 10 日取得的財報訊息（1 ～ 7 月 EPS），我們就可以開始推算合理的買進價格。華南金、合庫金 2021 年 1 ～ 7 月 EPS 如下：

	1 月 EPS	2 月 EPS	3 月 EPS	4 月 EPS	5 月 EPS	6 月 EPS	7 月 EPS	1 ～ 7 月 EPS 累計
華南金	0.1	0.08	0.13	0.13	0.1	0.18	0.13	0.85
合庫金	0.12	0.1	0.12	0.13	0.12	0.14	0.17	0.9

一、華南金：

華南金 1 ～ 7 月的累計 EPS 為 0.85 元，月均 EPS 約有 0.1 元的水準，故預估剩下五個月（8 ～ 12 月）的每月獲利也是 0.1 元。

由此推算全年 EPS 為：$0.85 + (0.1 \times 5) = 1.35$ 元

留一點出包的空間，抓 1.3 元，再參考過去盈餘分配率為 85%。

股利大約為 $1.3 \times 85\% \fallingdotseq 1.1$ 元

華南金歷年發放慣性為一半現金股利一半配股，

我們保守抓配現金股利 0.55 元，配股 0.5 元，共 1.05 元。

亦即，買一張華南金，可得 550 元現金，以及 50 股華南金。

假設「賣掉 50 股華南金換現金」：

18 元（低點價）×50 股＝ 900 元

則實際報酬率：

（550＋900）÷21000（一張 21 元華南金的價格）× 100%＝6.9%
（550＋900）÷20000（一張 20 元華南金的價格）× 100%＝7.2% ★★
（550＋900）÷19000（一張 19 元華南金的價格）× 100%＝7.6%

配股多的公司，實際報酬率的標準我會設高一點：7%，因此華南金除息後價格在 20 元左右都是不錯的買入點，當然即使是 21 元，實際報酬率 6.9％也是很不錯的，端看自己能接受的程度。

二、合庫金：

合庫金 1 ～ 7 月的累計 EPS 為 0.9 元，月均 EPS 約有 0.12 元的水準，故預估剩下來五個月（8 ～ 12 月）的每月獲利也是 0.12 元。

由此推算全年 EPS 為：0.9 ＋（0.12×5）＝ 1.5 元

保守抓全年 EPS 1.45 元，再參考過去盈餘分配 85％

股利為 1.45 元 ×85％≒ 1.23 元。

由於合庫金的配發慣例並非現金配股各半，所以不妨參考

以往類似的 EPS 配發情況，如下圖所示：

股利發放年度	股東股利(元/股)						股利合計	股利總計		填息花費日數	填權花費日數	股價年度	股價統計(元)			年均殖利率(%)			股利所屬期間	EPS(元)	盈餘分配率(%)		
	現金股利			股票股利				現金(億)	股數(千張)				最高	最低	年均	現金	股票	合計			配息	配股	合計
	盈餘	公積	合計	盈餘	公積	合計																	
2021	0.85	0	0.85	0.2	0	0.2	1.05	113	267	14	26	2021	25.45	19.15	21.6	3.93	0.93	4.86	2020	1.24	68.5	16.1	84.7
2020	0.85	0	0.85	0.3	0	0.3	1.15	110	388	231	231	2020	21.95	15.85	20.2	4.21	1.49	5.69	2019	1.33	63.9	22.6	86.5
2019	0.75	0	0.75	0.3	0	0.3	1.05	94.3	377	24	24	2019	21.25	17.5	20.1	3.73	1.49	5.23	2018	1.24	60.5	24.2	84.7
2018	0.75	0	0.75	0.3	0	0.3	1.05	91.5	366	124	124	2018	19	16.15	17.7	4.25	1.7	5.94	2017	1.17	64.1	25.6	89.7
2017	0.75	0	0.75	0.3	0	0.3	1.05	88.9	355	49	49	2017	16.9	14	15.7	4.78	1.91	6.69	2016	1.16	64.7	25.9	90.5

合庫金（5880）股利政策表（資料來源：台灣股市資訊網）。

由於往年合庫金配股、現金比例約 2：8，我們可以抓配發現金股利 0.9 元、配股 0.3 元，共 1.2 元。

亦即，買一張合庫金，可得 900 元現金，以及 30 股合庫金。

假設「賣掉 30 股合庫金換現金」：

20 元（低點價）× 30 股 = 600 元

則實際報酬率：

(900 ＋ 600) ÷ 22000（一張 22 元合庫金的價格）× 100% = 6.8%
(900 ＋ 600) ÷ 21000（一張 21 元合庫金的價格）× 100% = 7.1% ★★
(900 ＋ 600) ÷ 20000（一張 20 元合庫金的價格）× 100% = 7.5%

配股多的公司，實際報酬率的標準可以設 7％，所以合庫金除息後的理想買點落在 21 元左右，當然即使買在 22 元，實際報酬率 6.8％也是不錯，須看自己能接受的程度。

當然，等到隔年（2022 年）1 月 10 日各家金融公布全年 EPS 後，再乘以往年盈餘分配率，推算出來的股利必定會更準確，不過你也可能會因此錯失「8 月除息後～ 12 月」的最佳買點。

在買入價格上，全配現金的殖利率 5% 為下限。以兆豐金配發現金股利 1.5 元為例，它的合理價格就是 1.5 ÷ 0.05 = 30 元，超過就可判定價格太高了。

配股多的公司，我會以賣掉配股的實際報酬率要達到 7% 為標準，畢竟配股轉成現金會受制於時價的漲跌時機，賣出存在一定程度的風險，比不上直接配發現金股利靈活，故須有較高報酬率才合理。

不過，投資獲利的接受度本來就因人而異，只要自己買得安心、抱得開心、能長久持有，就是最棒的價格。

存股小教室 9

買入價格太高怎麼辦？

常常有朋友擔心買入價格太高，會賺了股利，賠了差價。如果只放一年還沒填息就賣掉的話，的確有這個可能。但請相信只要是「優質股」，買進堅持抱緊領股利降低成本，少則三年，多則五年，你的持有均價會如倒吃甘蔗般遠遠低於市價，不論漲跌，你的未實現損益都會是紅色。

大部分的人好不容易做功課挑到一個理想的存股標的後，往往太高估自己的能力，覺得可以預知大盤的走勢，存了大筆的現金，打算等到股災時再 all in 撿便宜。結果，一年過去、兩年過去了……，也許真的在五年後等到了大崩盤，但這五年閒置的資金與少領的股利，都是無形的損失。再者，倘若遇到崩盤，我們真的有勇氣重押進場嗎？

今以兆豐金為例，來作個比較：

情況一：苦等五年，終於等到 2020 年 3 月股災，買到兆豐金最低價 26.2 元。

情況二：假設你五年前不小心買在兆豐金最高點的 33.8 元，股利保守估計每年配 1.5 元，前五年領的股利先拿來降低成本，其

變化如下：

　　第一年：33.8 元（領股利 1.5 元）成本降低為 32.3 元

　　第二年：32.3 元（領股利 1.5 元）成本降低為 30.8 元

　　第三年：30.8 元（領股利 1.5 元）成本降低為 29.3 元

　　第四年：29.3 元（領股利 1.5 元）成本降低為 27.8 元

　　第五年：27.8 元（領股利 1.5 元）成本降低為 26.3 元

　　兆豐金放到第五年的成本，已經和 3 月股災 26.2 元差不多了，而且這是以最極端的價格 33.8 元來計算。

　　換言之，你等了五年才買到的股災最低價，竟然和買到極高點領了五年配息的兆豐金差不多。股災可遇不可求，但選擇領五年配息，只要你願意就能做到。

　　更別說真實情況是五年前的兆豐金最高價才 26.2 元，扣掉五年配息，現在成本僅剩 26.2－（1.5 × 5 年）＝ 18.7 元，和 2021 年的全年均價 32.3 元差了 13.6 元。這個持有成本均價，對於股價波動小的金融股而言，即便是股災來 2 次，也傷不了自己分毫，可以完全遠離漲跌焦慮，不必理會填不填息，安安心心地坐領股利。

從前年輕時不懂事，初入社會，買了□□人壽號稱複利3％的儲蓄險，後來仔細研究了合約書，才發現是把你的錢綁了20年之後，第21年才開始每年發3％的利息，所謂的儲蓄險根本是連定存都不如的投資陷阱。

如果我們的錢都願意拿去被儲蓄險綁個六年、十年、二十年後領3％利息，為什麼不願意買進優質股先用三年～五年的股利降低成本均價，之後再開心領5％股利呢？

 小車提醒

本篇並非鼓勵大家買高，而是假設最差情況放五年也能解套。仍須留意在一年相對低點買進，才不會套在山頂，覺得空虛、寂寞、冷。

存股小教室 10

想領股利，須在除權息日「前」買進

之前跟同事聊到台積電股利即將進帳的事，這才發現存股新手必須清楚一個基本概念：想領股利，要在除息日「前」買進。

認識一下「除息日」與「除權日」：

1、除息日：發現金股利的公司會訂定除息日。如：兆豐金只發現金股利，因此只有「除息日」。

2、除權日：發股票的公司會訂定除權日。

若該公司又發現金又發股票，就會分別訂定除息日和除權日，但通常是定在同一天「除權息」，不至於給人找麻煩。如：玉山金會發現金和股票，因而有「除權息日」。

年配息及季配息

大部分股票都屬於「年配息」，如：兆豐金、玉山金、大成、台泥、南亞……等。

也有一些公司或 ETF 會採用「季配息」，像台積電和國泰永續高股息 ETF（00878）就是一季配一次，而 0050 則是半年

配一次。談到這裡，再次覺得月配息的基金其實挺可怕的，如果連賺錢的公司頂多也只能做到季配息，那麼月配息基金配的是誰的錢呢？小心別賺了配息蝕了本金。

關於年配息的股票，大約 6 月就要開始留意個股新聞公告「除息」及「股利發放」的明確日期，並記於行事曆上，以便把握買進時間及核對股利是否入帳。如果是季配息的話，每季都須留意這 2 個日期。

除權息日是分界點

再次強調，想「領股利」務必要在除權息日「前」買，才能領到當年發的股息，但越接近除息日價格自然越貴，請自行斟酌要不要買。除權息日「當天」的開盤價，來自前一天的收盤價扣除股利，故可以買到「較便宜的價格」，不過這麼做就要等明年才能領股利了。

 小車提醒

想領股利：除權息日「前」買。
想買除息便宜價：除權息日「當天」買。

股利發放日

　　這天是存股族一年之中最開心的日子，等到望眼欲穿的股利，終於在這天匯進帳戶，如果沒有特別設定，錢會直接匯進證券買賣綁定的帳戶裡，大家可以去刷本子確認一下。不過，股利會扣掉 10 元匯費，若股利超過 2 萬元，還會扣除股利的 2.11％健保補充保費，不妨當作做善事守護台灣醫療體系吧！

　　若不想繳這 2.11％健保補充保費，股利就得控制在 2 萬以下，或選擇像台積電這種季配息的股票，股利比較難超過 2 萬元。然而，若單純為了避開補充保費，而將股票分散到其他不夠熟悉的公司，倒是有些因噎廢食了，買進好公司還是最重要的！

如何在除息日當天，
買到除息價的股票？

　　之前提到，一年最適合買入的時間為「7、8 月除息後～隔年 3、4 月公布股利前」，通常除息日當天開盤會有一波搶購的熱潮，價格有可能被墊高，因此如何在除息日當天買到除息價的股票，也是有小撇步的。

　　在開始前，先介紹一些除息相關的先備知識：

填息與貼息

1、填息：即除息日開盤，除息價（已扣掉股利的價格）開始往「上」漲，就代表邁向填息之路。等到股價漲回除息前的價格，就算是填息完成。

2、貼息：即除息日開盤，除息價（已扣掉股利的價格）還再往「下」跌，就代表開始貼息。

各家股票除息後慣性

1、兆豐金：除息後通常會一路貼息貼到當年的 11、12 月，第一次購買的人要有心理準備。所以不妨等到 8 月中除息後，優

雅地「分批」慢慢買到 11、12 月。

2、華南金、玉山金、合庫金：除了 2020 年的表現較反常外，其他年度幾乎都是除權息價為一年的相對低點。因此，除了兆豐金以外，其他三家股票就要把握除息日撿便宜。

　　要搶便宜的人很多，不是等到開盤當天慢慢設定除息價就能買入，買股票有時跟搶購限量商品一樣，需要一點小技巧，才能在除息日當天順利買入除息價的股票。

進入主題──搶便宜步驟

1、記下個股除權息日

　　要先知道個股的「除權息日」，因為想買除息價，要在除權息日「當天」買進。通常日期會在每年的 6 月公布，可多留意個股新聞，並在行事曆上標註下來。以下是我存的四檔金融股每年除權息日的大概落點：

存股	除權息日
玉山金	約 7 月底
兆豐金	約 8 月中
華南金	約 8 月中
合庫金	約 8 月中

2、算出除權息價

全配現金比較好算，以兆豐金為例，計算2021年的除息價：

> 33.05（除息日前一天收盤價）－1.58（現金股利）＝ **31.47（除息價）**

2021年除息日為8月12日，前一天（11日）13:30收盤後就可以算出除息價31.47元，可抓31.45元或31.5元，但建議兆豐金除息日小買即可，因為它通常會貼息到11月。

若是配股又配息，計算比較複雜，誠摯地建議「不用學」，因為學了過一陣子就忘了，一年就算個一、兩次，證券櫃檯買賣中心提供了一個可以計算開盤價的網頁（或是直接Google「除權除息參考價計算」便可找到），需要時直接輸入，就可輕鬆算出除權息價格。

證券櫃檯買賣中心「除權除息參考價試算」連結
https://www.tpex.org.tw/web/stock/exright/exref/rightref.php?l=zh-tw

首頁 > 上權 > 參考價試算 > 除權除息參考價試算

❷ 除權除息參考價試算

(必填)	除權除息前股價	27.85	元
	現金股利(選填)	0.61	元/股
	股票股利(選填)	0.61	元/股
	現金增資認購價(選填)	0.00	元
	現金增資配股率(註3)	0.00	
	參考價試算結果	25.67	元

試算　清除

以上圖為例，2021 年玉山金除權息日為 8 月 31 日，前一天（30日）13:30 後，將收盤價 27.85 元及配股配息金額各 0.61 元輸入上列網站，即可算出除權息價為 25.67 元，可抓 25.65 元或 25.7元。

3、預約下單★★★

若等到除權息日當天開盤再下單，通常委託序號會太後面，就算出現好價格也排不到。因此，要在除權息日「前一天 14:40以後」開始「預約下單」，預約成功可在「預約單查詢」裡看到預約的情況。（如下圖）

重新查詢

筆數:1(頁次 1/1)

刪改	商品	委託狀態	盤別	交易別	條件	委託
刪改	合庫金	預約中	普通	普買	ROD	21.0

以 2021 年玉山金除權息價為「25.65 元」為例,可掛「加減 0.1 ~ 0.2 元」,以確保買得到。如:

> 只買一張:掛 25.8 元(高一點確保買到)
> 買兩張:掛 25.8、25.7 元
> 買三張:掛 25.8、25.7、25.6 元(可試探低一點的價格)

通常除權息日當天一開盤,若湧入太多人買會直接大漲,所以沒買到也不要太早去追高,可以放著等一等。盤中若價格冷卻,由於預約下單的委託序號在前面,得以優先成交,因此買到除息價的股票機率就能提升很多。

雖然搶到 25.7 元的玉山金也沒什麼了不起,但未來的事很難說,也許股價從此一路向上不復返了呢? 25.7 元雖然稱不上最便宜,但相對於一整年來看,也不算買貴,可在除權息日當天先買一些,保留一半現金後面逢低加碼。

金融存股族一年的無聊日常：543 規律

　　農耕於一年四季有「春耕、夏耘、秋收、冬藏」的步驟，其實存股久了，也會發展出一套自己的節奏。現在來介紹一下我這個金融存股族一年的無聊日常：

【前置期】5 個月：4 月～ 8 月中

1、收兵不買

　　每年 3 月各家公布股利後，便開始收兵不買金融股，除非遇上股災。不過可伺機買台積電零股（沒閒錢就改成 600 元以下買一股）。

2、月存閒錢

　　每月「月初」將規畫投資的金額匯入證券戶，把 4 ～ 8 月的薪資閒錢先存起來。

3、作壁上觀，看子彈飛（最常做的事）

　　開始當局外人看大盤大起大落。

- 「大漲時」，**打開證券 app 的「總資產合計」，記錄財產創下的新里程碑**，一突破新高就記在記事本中，只看最高，不看起伏（純粹滿足成就感，不是拿來賣的）。
- 「大跌時」，不看總資產，只看未實現損益是否為令人安心的紅色（注意只看顏色，不看數字喔！）然後，再去 PTT 及 FB 社團版上看散戶睡公園的抱怨留言，慶幸自己一張飆股都沒買。

4、記除息日

　　大約 6 月開始 Google 手上持股的除息日、股利發放日，並記在行事曆上。

5、規畫買進張數

　　計算今年能進場的錢（薪資閒錢＋股利），並開始分配各檔股票要買的張數。搭配參考個股（兆豐、玉山、合庫、華南）當年前 7 個月的 EPS 成長或衰退，來決定買入的張數配置。EPS 成長的多買一些，持平的小買，衰退的不買，並且持續觀察每月的 EPS 以考慮是否換股。

【買進期】4 個月：8 月中～ 12 月

　　一年最開心的時期到了，可以領股利，外加逼自己買股票，享受購物的樂趣。

1、除息當月買完薪資閒錢

8月除息日開始買入股票，把前半年存的閒錢都買完。不過兆豐金可以慢慢買，因為貼息機率高。

2、股利入帳，逢低加碼

9月股利大致都進帳，用作逢低加碼。遇到個股相對低點就買一張，最晚在隔年3月前要買完證券戶內的錢，不過我通常12月就會買完了！

【最後加碼期】3個月：1月～3月

1、等全年 EPS 公布

隔年1月等待前一年全年 EPS 出爐，參照以往盈餘分配率，即可估算當年可領到的股利。

2、年終獎金最後加碼

根據估算出來的股利，挑出當時殖利率最高的個股（兆豐、玉山、合庫、華南擇一），並運用年終獎金做最後加碼。

3、等待公布股利股息

待3、4月各家股利公告完畢，算出當年實際能獲得的股利、配股，股利加總後納入8月買股的規畫。

若四家金融股 EPS 表現都正常，或者曾衰退過，後來又恢復水準，則安心收兵不買，坐領股利；倘若個股 EPS 連續數個月都較去年同期衰退（摒除大環境影響），會考慮擇高點換股（市價高於均價才能換）。

以上為金融存股族一年的無聊日常，實際交易次數雖不多，不過也滿多事該做的，供大家參考喔！

存股小教室 13

如何增加存股動力？

本篇想和大家談一下我平時是怎麼想，才能讓自己不自覺將錢省下來，心甘情願地拿去增加股票庫存。

▲ 整數法

這是小車最常用的方法，由於我是一位整數控，看見股數是非整數，都會有強烈的欲望想湊成整數。買了零股就想湊滿整張，買了 1 張想湊 5 張，滿 5 張又想湊 10 張，滿 10 張又想湊 20 張。透過整數法，讓我不自覺多存了好幾張股票，是個滿容易讓人有執行力的方法。

▲ 獎金買股法

工作上每多一筆加班費、外快費、績效或年終獎金，我都會自動換算成能買的股票。

例如：

600 元能買 1 股台積電

1000 元能買 50 股合庫金、華南金

1 萬元能買半張金融股

2 萬元能買 1 張金融股

3 萬元能買 1 張兆豐金

7 萬元能買 2 張合庫金、1 張玉山金

▲ 股利娛樂法

每年領股利時，我都會把這些領到的股利，當作是公司招待小股東去康樂活動的經費，但我只是內心這樣換算，股利仍會選擇再投入存股，不一定真的要這樣拿去娛樂喔！

例如：

500 元能免費看場電影

1 千元能免費吃頓大餐

1 萬元能免費去趟國內旅遊

4 萬元能免費去日本旅行

10 萬元能免費去歐洲旅行

20 萬元能免費讓一家老小去日本家族旅遊

▲ 股利加薪法

也可以在領股利時，想成是業外斜槓收入為自己加了薪。

比如：

　　3 千元等於幫自己賺了一次小外快

　　1.2 萬元等於幫自己每月加薪 1 千元

　　4 萬元幫自己年薪加 1 個月

　　12 萬元幫自己每月加薪 1 萬元

　　24 萬元幫自己每月加薪 2 萬元

　　36 萬元幫自己每月加薪 3 萬元

　　存股不外乎存錢買股，緊抱資產，操作起來有些無聊，只能盡量幫自己找些樂趣囉！分享給大家！

存股小教室 14 粉專人氣文章

張數越多，均價越難撼動

　　存股初期的朋友，也許偶然買過一次便宜的價格（如一張 25 元的兆豐金），就會陷入一種迷思，為了不想拉高均價，堅持苦等那近乎不可能的低價。殊不知這一等下去，浪費的卻是時間成本。其實價格只要相對合理即可，不需要為了搶便宜，而耽誤了進場領股利的時機。

張數越多，均價越難撼動

　　在存股的過程中，有時「均價拉高」是必要之惡，但隨著張數的積累，均價拉高的影響會逐漸趨緩，以兆豐金為例：

　　擁有 1 張 29.5 元的兆豐金，加碼買 1 張 32 元，均價變成 30.75 元，拉高 1.25 元。

　　擁有 10 張均價 29.5 元的兆豐金，加碼買 1 張 32 元，均價變成 29.72 元，拉高 0.22 元。

　　擁有 50 張均價 29.5 元的兆豐金，加碼買 1 張 32 元，均價變成 29.54 元，拉高 0.04 元。

　　基本上持有 50 張以上，買貴或買便宜都已經很難撼動均價。

因此張數累積初期均價波動大，心情容易受影響，但後期隨著張數的提升而使均價波動近乎於零，會越存越輕鬆，也越能將注意力放在張數累積上。

把存股當作例行公事

如果是有具體存股目標的朋友，不妨把每年買進股票當作是件例行公事，如規畫一年投入 20 萬資金，每個月定期定額也好，一年一買或二買也罷，要求自己一定要進場完成。

若能將存股當成一件例行公事，就會有「一定要買」的認知，不易發生挑三揀四，到最後空手而回的情況。以購入衛生紙為例，一個月要用一袋（12 包）衛生紙，我們可以選擇每個月買一袋，或是一口氣買一箱（6 袋）慢慢用。一袋五月花衛生紙 140 元，遇到打折買到 99 元當然開心，甚至還可以趁特價多買幾袋。

倘若衛生紙用完了，遇上沒有折扣的 140 元也是得買，並不會因為自己曾經買過 99 元的而不買，買它就是件例行公事。存股也一樣，把股票當作生活必需品，便不會因為價格不夠低而不買，有時候甚至為了要達標，就算變得有點貴也得硬著頭皮買下去。

如何降低均價

雖然存股的過程隨著大盤的走勢,均價會逐步墊高,但仍有些方式能幫助我們降低均價:

1、除息後～隔年 3 月公布股利前分批買進

這半年相對起來價格較便宜,可以除息後先買一部分資金,等後面遇到下跌陸續把設定的金額買完。

2、股災逢低加碼

若有留一筆加碼金,股災絕對是最佳的降低均價時機。像我 2020 年 1 月曾買進一批均價 29 元的玉山金,真是「高處不勝寒」呀!不過後來趁 3 月股災逢低加碼,加上 7 月經歷一次配股,均價已一口氣降到 25.3 元,即使 2021 年玉山金除息後填息力道不如預期,都與我無關,因為個人的持有均價已低於現價。

一朵花無法撼動整片花田。
── 攝於北海道 富良野。

大筆錢該如何投入存股？

有很多朋友好奇如果是一大筆錢，該如何投入存股？本篇來分享一下可以怎麼操作：

假設有 100 萬打算一年內投入

建議一定要「分批投入」，一次全下風險太高。我通常會在 8 月除息後～隔年 3 月買入，可把錢切成 5 ～ 8 份，一個月買入 1 份。比方說：5 份（買 8 月中～ 12 月）或 8 份（買 8 月中～隔年 3 月）

如何分批投入

通常一筆錢若超過 50 萬，建議分 2 個標的較穩妥。

1、假設 100 萬分 2 個標的投入，買玉山金和兆豐金，也就是一個標的買 50 萬。

2、再把這 50 萬分成 5 份（買 8 月中～ 12 月），也就是一個月買 10 萬。

3、等 8 月除息後開始每個月各買 10 萬元的玉山金、兆豐金，個人習慣一張一張買，因此一個月大概分別買入 3 或 4 張兆豐金和玉山金。

總金額	標的	8月	9月	10月	11月	12月	合計
100萬	兆豐金 50萬	10萬 3～4張	10萬 3～4張	10萬 3～4張	10萬 3～4張	10萬 3～4張	15～20張
	玉山金 50萬	10萬 3～4張	10萬 3～4張	10萬 3～4張	10萬 3～4張	10萬 3～4張	15～20張

任務式買法

我不太喜歡固定幾號買入的方式，這樣會失去買股的樂趣，喜歡使用「任務式」買法。假設你有100萬，規定自己一個月至少要各買3張玉山金和兆豐金，就和去超市選購3盒牛肉與3盒豬肉一樣，只不過把挑選時間拉長成一個月罷了。

看到價格便宜時就買一張，若這個月提早買完了，就算價格再便宜，也頂多再各買一張就收手，保留資金給後面加碼。相對的，如果一直嫌東嫌西始終空手的話，到了月底就算價格偏高，也要逼自己忍痛在當月買完規畫的張數，因為下個月有下個月該買的額度。

如果你覺得8月除息後價格較低，機會難得，決定投入較多資金，例如從100萬拿出40萬用在8月，只剩下60萬給後面4個月（9～12月），這種情況就要重新分配金額，改成每

個月只投入 15 萬（60 萬 ÷ 4 個月），即一個標的買 7.5 萬元，也就是兆豐金、玉山金各買 2 ～ 3 張。

如此分配資金進場，100 萬大約能在 12 月底前買完，接下來就開始作壁上觀，讓子彈飛，看著散戶一路抬轎到除息前。萬一這段期間遇到如 2020 年 3 月的暴跌式股災，有加碼金就用加碼金，沒加碼金就把手上有的閒錢買完即可，反正加碼金再大筆，能拉的均價也有限，有參與買到便宜就好。存股的重點在領股利，股災是大環境整體一起下跌，如果公司基本面和獲利都正常，不必太擔心個股價格一時的低迷。然而若是公司的獲利持續走下坡或失去產業競爭力，就須考慮賣出換股。

以上是假設我有 100 萬的操作方式，沒有也沒關係，即使是年投 30 萬，也可以採用相同的作法，把錢分成 5 份，在 8 月中～ 12 月之間，一個月買一份錢，避免資金過度集中於某一個價位，達到分散風險的效果。

存股小教室 16

遇到瘋狂的高價時，請轉身離開

前陣子到捷運中山站的某間百貨公司，經過一家剛開幕的吐司專櫃，是日本高級吐司的名店。本想嘗鮮買來吃吃看，沒想到走近一看，「一片」吐司竟然要價80元，我嚇得頭也不回地離開了。

其實我平日不是特別勤儉持家的女子，也能明白進口、用料較好的商品，價格會比較貴。如果這家吐司是一條80元或100元，我會給自己一個機會嘗試，因為這種價格還在合理範圍內，但「一片」80元的吐司，顯然偏離合理價太遠，所以我選擇不買。而這片價格「高貴」的吐司，讓我想到股市裡也有一位偶爾瘋瘋的市場先生。

葛拉罕的市場先生

「Mr.Market市場先生」這個概念，來自班傑明‧葛拉罕的著作《智慧型股票投資人》（*The intelligent investor*），葛拉罕將每日股市起伏的價格，擬人化為一位市場先生。市場先生每天都會提出不同的買賣股票價格，儘管大多時候的報價都很合理，但偶爾也會有過度樂觀的天價，或過度恐慌的破盤價，投資人可以自由選擇是否要與他交易。

葛拉罕企圖藉由這則寓言提醒投資人，不要把市場先生情緒化的報價當成股票的真實價值。投資人若不想涉入其中，就遠離市場、專心領股利，不受起伏不定的報價干擾。

我們姑且把市場先生當成一位比較情緒化的商店老闆吧！客人買東西時，他通常都是笑臉迎人、價格合理，偶爾心情大好，甚至會來個買一送一。客人若手頭有錢不妨趁優惠時多買一些，沒錢就買今天需要的份量即可。如果遇到老闆跟人吵完架、心情不好，價格獅子大開口的情況，就當自己掃到颱風尾，改天再來買就好。

反思 2021 年台股躍上一萬八千點

那家吐司即便價格如此昂貴，開幕當天仍然大排長龍，來客絡繹不絕。一星期之後，也許是嘗鮮熱潮過了，專櫃開始變得門可羅雀。

這點讓我不禁反思，大家在股市交易上是否也犯了一樣的毛病？當市場先生開了一個高於合理價太多的價格，其實我們大可以選擇不買。然而，隨著股市狂飆，許多投資人便對價格失去判斷力而急於搶進，哪支暴漲就買哪支。

至於暴漲的原因也許只是第一季的獲利高於預期，但投資

人卻忽略背後缺乏長久的基本面支撐，單季表現好也無法推知是景氣回春抑或迴光返照。倘若之後三季獲利衰退，外資撤離，當初花高價買入的股票便乏人問津了。

　　有時大環境的氣氛會影響人的判斷力，讓人吃土都會覺得香。原本一片不知道味道如何的吐司，看到大家排隊就跟著排，完全不顧價錢合不合理，覺得有人搶的東西一定是不錯。殊不知跟著羊群從眾的結果，只能成為一頭任人宰割的羊。

　　因此，當市場先生向你提出瘋狂的高價時，請轉身離開。

步驟三：持有

　　在我的觀念裡，存股是「買股容易，抱股難」。「持有」是這三步驟裡最難的一項，長抱不賣的過程中，會經歷許多內心動搖的時刻，往往都是在考驗存股族的意志是否堅定。這一節小車要介紹一些持股必備的基礎知識，以及釐清抱股時常見的「換股」及「該不該獲利了結」等迷思。

本節重點：

1. 解讀財報的技巧。同一則訊息若遇上不同立場的觀點時，該如何判斷論點是否可信？
2. 為什麼小資族適合「先集中、再分散」的存股方式？
3. 換股前，你該先考量的事情。

存股小教室 17

股利的美麗與哀愁──
「減稅」與「健保補充保費」

一、股利可以減稅

　　存股領股利，不僅能增加被動收入，還能幫我們減稅喔！股利、收入合併申報綜合所得 ，享有股利 8.5％之可抵減稅額，可用來扣抵綜合所得 ，每戶上限 8 萬元。

　　每戶抵扣上限為 8 萬元，除以 8.5％還原，股利收入為 94 萬元（除以殖利率 5％還原，股票資產 1880 萬元），也就是說只要股利所得在 94 萬元以內，都可以享有股利 8.5％的抵減稅額，股利收入越多，抵扣稅金越多。舉例說明：

方案一：有存股
　　一年薪資所得 50 萬元。
　　持有 50 張玉山金，配現金股利 0.61 元，配股 0.61 元。
　　現金股利 0.61 元 ×50000 股＝ 30500 元
　　股票 0.61 元 ×50000 股 ÷10 元（1 股 10 元）＝ 3050 股
　　但所得稅獲利仍以 1 股 10 元計，
　　故股票獲利以 10 元 ×3050 股＝ 30500 元計

因此，50 張玉山金股利總所得為：

30500 ＋ 30500 ＝ 61000 元

股利的 8.5％可抵稅，故可抵扣額為：

61000 元 ×8.5％＝ 5185 元

總所得 50 萬＋ 6.1 萬＝ 56.1 萬（薪資加股利）

→應繳納總額 56.1 萬—8.8 萬（免稅額）—12 萬（標準扣除額）—20 萬（薪資扣除額）＝ **15.3 萬**

應繳納金額：

15.3 萬 ×5%（所得稅率）—5185 元（股利可扣抵稅額）＝ 2465 元

方案二：沒存股

一年薪資所得 50 萬元

→應繳納總額 50 萬—8.8 萬（免稅額）—12 萬（標準扣除額）—20 萬（薪資扣除額）＝ **9.2 萬**

應繳納金額：

9.2 萬 ×5%（所得稅率）＝ 4600 元

由上可知，同樣是年薪 50 萬元，存股領股利，不僅能增加

6.1 萬的被動收入，而且繳的稅還比沒存股的少，是不是很划算呢？

> 一檔股票領股利超過 2 萬元須繳 2.11％健保補充保費，股利 6.1 萬要繳 61,000×2.11％＝ 1,287 元，即便如此還是比沒存股划算喔！

二、股利超過 2 萬要繳 2.11％健保補充保費

剛開始存股的朋友，須注意單家股票股利收入超過 2 萬，要繳交 2.11％的健保補充保費。不過，千萬別被這 2.11％嚇到，誤以為一年股利收入才 5％，扣除 2.11％不就所剩無多了嗎？

所謂的 2.11％ 健保補充保費指的是「股利所得中的 2.11％」，假設今天兆豐金股利收入為 3 萬元，須繳交的健保補充保費僅為：

應繳納健保補充保費金額：股利 3 萬元 ×2.11％＝ 633 元

算下來其實也不多，當然若一檔股票的股利收入低於 2 萬

元是完全不用繳。不過還有一個須留意之處，登記在同一人名下的股票，不論持股分散在幾家證券，只要合起來一檔股票股利超過 2 萬元，就得繳健保補充保費。以兆豐金為例，一張股票配發股利 1.5 元，持有 14 張的股利便超過 2 萬元（1.5 元 × 14000 股 = 2.1 萬元），無論你是在一家證券戶有 14 張，或者多家證券戶合計 14 張，都必須繳交健保補充保費。

「季配息」大幅提升免繳健保補充保費的空間

若想持有多一點個股的股票資產，卻又想避開健保補充保費的朋友，可以嘗試季配息的股票或 ETF。

以台積電為例，2018 年以前是年配息，一年每股配 10 元：
2 萬元（免繳上限）÷ 10 元（每年一張股利）
= 2000 股 =2 張
因此持有 2 張以上台積電就要繳健保補充保費。

2019 年之後台積電拆成季配息，一季每張配 2.5 元：
2 萬元（免繳上限）÷ 2.5 元（每季一張股利）
= 8000 股 =8 張
所以只要持有不超過 8 張的台積電都不用繳健保補充保費，選擇季配息大大提升了免繳空間。

「年配息」免繳健保補充保費張數試算

大部分的股票還是以年配息為主，我們可以根據每年四月公布的股利股息新聞，計算當年各股免繳健保補充保費的張數上限。今以 2021 年幾檔金融股為例：

兆豐金：配現金 1.58 元

持有一張股利為 1.58 元 × 1000 股＝ 1580 元

2 萬元 ÷1580 ＝ 12.658 張

→超過 12.65 張須繳健保補充保費。

玉山金：配現金 0.61 元、股票 0.61 元

一張配現金 0.61 元 × 1000 股＝ 610 元

配股票 0.61 元 ×1000 股 ÷10 元（每股面額）＝ 61 股

（股利所得以每股 10 元計，共 10 元 ×61 股＝ 610 元）

持有一張得 610 ＋ 610 ＝ 1220 元

2 萬元 ÷ 1220 ＝ 16.393 張

→超過 16.39 張須繳健保補充保費。

合庫金：配現金 0.85 元，股票 0.2 元

一張配現金 0.85 元 ×1000 股＝ 850 元

配股票 0.2 元 ×1000 股 ÷10 元（每股面額）＝ 20 股

（股利所得以每股 10 元計，共 10 元 ×20 股＝ 200 元）

持有一張共得 850 ＋ 200 ＝ 1050 元

2 萬元 ÷1050 ＝ 19.04 張

→超過 19.04 張要繳健保補充保費。

華南金：配現金 0.265 元，股票 0.264 元

一張配現金 0.265 元 ×1000 股＝ 265 元

配股票 0.264 元 ×1000 股 ÷10 元（每股面額）＝ 26.4

股（股利所得以每股 10 元計，共 10 元 ×26.4 股＝ 264 元）

持有一張共得 265 ＋ 264 ＝ 529 元

2 萬元 ÷529 ＝ 37.8 張

→超過 37.8 張要繳健保補充保費。

　　以上為各股超過須繳健保補充保費的張數，提供給剛開始存股一、兩年的新手參考，若股票張數接近界線，可先買其他優質股，但存股多年，張數早已超過的老手就不必太在意，就當為國家醫療系統盡一份心力，別刻意為了避開而存一些不熟悉的股票，增加投資風險，反而得不償失。我們不妨想成健保費繳越多，等於自己領越多，離財富自由又更前進一步。

存股小教室 18

定期巡視我的資產——如何解讀財報

本篇來介紹一間公司的財報該如何解讀？

月報看「營收」

個股每月 10 日前都會公布上個月營收，若懶得去公開觀測站查詢的話，可以直接 Google 如：「兆豐金 5 月營收」、「亞泥 3 月營收」……，或是在股票 app 裡點選個股新聞都能輕鬆找到。至於該如何解讀，以合庫金 2021 年 5 月營收的新聞為例：

合庫金（5880）5月營收43.02億 年增 10.32%

2021/06/09 23:11
經濟日報 AI編輯小e　👍讚0

合庫金（5880）公布5月營收43.02億，月減6.74%，年增10.32%。前5個月累計營收218.65億，年增成長11.86%。

資料來源：經濟日報新聞（2021/06/09）

文中「月減 6.74％」意指與上個月的營收相比衰退了 6.74％，有鑑於每個行業都有獲利的大小月，所以這項我通常會「直接忽略」不看。

小車較重視的是「與去年同期比較」的營收百分比，如文中的「年增 10.32％」，代表和去年（2020 年）5 月相比，營收增加了 10.32％，換言之，同樣是 5 月的獲利環境下，合庫金表現比去年同期成長了 10.32％，算是相當優秀。

　　至於「前 5 個月累計營收 218.65 億，年增成長 11.86％。」是在說 2021 年 1 ～ 5 月累計的獲利，比去年（2020 年）前 5 個月多了 11.86％，如果這兩位數的比例成長能維持到年尾，明年領的股利就非常值得期待了！

- 月減月增：不用看。
- 年減年增：看成長或衰退（衰退要列入重點觀察）。
- 累計年減年增：看成長或衰退（若無踩雷情況下，持續衰退要考慮換股）。

　　然而，瀏覽財報新聞時，記得要多看幾家媒體交叉比對，有時同一家公司的財報，會隨著報導的切入點而截然不同。以台積電 2021 年 7 月營收的新聞為例：

台積電7月營收1245億元 月減16% 仍寫歷年同期新高

2021/08/10 13:51
鉅亨網記者林薏茹 台北

台積電7月營收1245億元 月減16% 仍寫歷年同期新高。（圖：AFP）

Tag 台積電 半導體 晶圓代工

晶圓代工龍頭台積電 (2330-TW) 今 (10) 日公告 7 月營收 1245.58 億元，**月減 16.1%，年增 17.5%**，為歷年同期新高；前 7 月累計營收 8591.13 億元，年增 18.1%。法人指出，6 月營收衝上新

台積電7月業績滑落 早盤股價跌市值縮水1296億元

2021/8/11 09:43

0 讚

（中央社記者張建中新竹11日電）晶圓代工廠台積電7月營收新台幣1245.58億元，**月減16.1%**。今天股價走勢疲弱，早盤一度達586元，跌5元，市值縮水1296億元。

國內法人表示，台積電7月業績滑落主要是受客戶拉貨時程影響，預期8月及9月隨著手機客戶拉貨動能升溫，台積電營收可望回升，整體第3季營運目標應可順利達成，季營收將達146億至149億美元。

資料來源：鉅亨網新聞（2021/08/10）、中央社（2021/08/11）

　　上圖左為 2021/08/10 財報公布當日的新聞，提及 7 月營收雖「月減 16.1％」，但也「年增 17.5％」，創歷年同期新高，好壞都有點出，報導較公道；右圖則為隔天 2021/08/11 開盤後台積電股價下跌的即時新聞，側重報導 7 月營收「月減16.1％」的訊息，卻對該月營收「年增 17.5％」並創下歷年同期新高的好表現支字未提。

　　再兩周後的 2021/08/24，當台積電股價大漲，同樣的營收

財報，媒體報導的切入點又開始展望未來，預估 2025 年 EPS 翻倍，前途無量。

台積營收超速 外資高喊900元

工商時報 簡威瑟 2021.08.23

花旗環球證券台灣區研究部主管徐振志指出，深度爬梳台積電於2021～2023年投入千億美元資本支出後，帶動的營運效益斐然，2024年的營收就將比2020年倍增，比預想的時間快了一年，2025年則將達成每股純益較2020年翻倍里程碑，維持「買進」投資評等，推測未來12個月合理股價900元。

徐振志年初時便估計台積電2025年營收將是2020年的二倍，屆時將成為全球半導體產業營收第一大，本次估計台積電「超速達標」

資料來源：工商時報（2021/8/23）

新聞有時會給人一種看圖說故事的感覺，記者往往會根據時勢擷取對自身論點有利的訊息報導，動不動就為股票的漲跌討個說法（也可能是讀者愛看），但事實上漲跌或許沒有這麼多為什麼，僅僅是多空雙方拉扯後的漣漪罷了！處在資訊爆炸的時代，人人都有言論自由、可以盡情發表高見，但背後是否別有用心就不得而知了，所以一定要培養篩選訊息的能力，千萬別被新聞牽著鼻子走。

我們買進一檔股票，一定要有自己的理由，也許是看上它的企業文化、技術護城河、EPS 表現持續增加……等，當這些優點依舊存在時，大可不必理會一些耳語雜訊，更不用受其影

響而胡亂拋售手中的績優股。除非當初買進的理由消失，才有賣出的必要。

如果你很容易受報導而影響判斷，建議股票的新聞少看，只須每個月10日關注一下公司月報新聞裡的「年減年增」即可，並且記得多看幾家交叉比對，才能看到較完整、客觀的資訊。

季報看 EPS

大部分個股只會在「月報」上公布「營收」及成長或衰退的百分比，而單季「EPS」（每股盈餘）只有在「季報」上才會公布。

由於 EPS 是判斷公司獲利最直接的方法，故四季 EPS 相加再乘以公司慣有的盈餘分配率（賺的錢發多少比例給股東），就可以大概抓出當年配發的股利。而季報的 EPS 同樣可跟去年同期（看「年增年減」）比較，若有成長，就表示個股該季表現不錯。

不過金融股比較佛心，無論官、民營每月都會公布 EPS，資訊相對會比其他類股票更加公開透明，小股東們也能更清楚地了解銀行每個月的實際獲利情況。

各家金融股公布財報的風格

　　大部分金融股公布每月的 EPS 還算中規中矩，除非有重大事件，否則很少有月份之間大起大落的情況。不過某家民營金控比較特別，財報頗像八點檔，高潮迭起，往往前半年累計 EPS 都非常亮眼、名列中上段班，卻會在下半年的某個月大虧損，賠掉上半年大部分的 EPS，全年結算後僅能配發一丁點股利給可憐的股東們，若持有該檔金融股的朋友，須留意這家財報的慣性就是如此刺激。

　　至於官股銀行，因為虧損要向政府及人民交代，所以踩雷都會直接認列，例如 2020 年 3 月華南金旗下華南永昌證券虧損的 47 億便是當月認列。就我觀察，兆豐金、華南金、合庫金這三家官股金控一旦遇到虧損，無論大小都會勇敢於當月「全額認列」，就算扣到 EPS 變成負的也不逃避。像華南金那筆 47 億的虧損，即使導致 3 月 EPS 為 -0.3 元，短短一個月賠了一季獲利也是照認不誤，只因為這麼做之後財報才能如實呈現。

　　至於臺企銀的慣性是喜歡將太大筆的呆帳拆成 2、3 筆認列，因此只要踩一次大雷，連續 2 ~ 3 個月都會是很慘澹的 EPS。我個人偏好一次痛完，省得呆帳還要分期付款，看不清每月的真實獲利情況。

高營收不一定代表高 EPS

　　我以前天真地以為公司每個月營收創新高，EPS 也會跟著大幅成長，連帶股利就發得多。直到 2017 年買進一支殖利率頗高的電子股，那一年每季的財報新聞都是「營收」屢創新高，看著這些利多消息，心中滿是期待隔年豐厚的股利。結果等到隔年年初公布 2017 全年 EPS 時，該公司的 EPS 相較於前一年竟然不增反減。

　　這才發現原來我在關注「營收」的同時，忽略了「毛利率」，毛利率太低代表實際獲利百分比很低。當年該公司「營收」創新高，但「成本」也不低，兩者抵消之後，EPS 反而衰退。

　　雖然該公司到最後股利發放只比前一年少 0.02 元，配股加配息的總報酬率仍高達 8％，但持有過程中，我感覺這間公司公布財報的方式不夠「誠信」。明明 EPS 沒有成長，卻避重就輕只發布營收創新高的有利消息。於是當年我在領完股利填息後就立刻賣出（等了快半年）。雖然它的總報酬率比我現在的持股還高，但公布財報的方式讓我抱得不安心。

　　所以看季報時，一定要留意上面有沒有公布當季的「EPS」。假如一家公司每季財報都只公布營收的話，最好要特別注意該公司是否有避重就輕，巧妙隱藏獲利不佳的事實。

存股小教室 19

先集中，再分散，才有成就感

本篇要談的是存股的標的到底要集中，還是要分散？

記得剛出社會的第一年，我將省吃儉用存下來的 20 萬存到郵局定存。到了第二年，我又存到了 20 萬，不過那次我改搭捷運，跑去離家有點距離的臺灣銀行開戶，存入 20 萬定存。當時，爸爸好奇為什麼不就近存在郵局就好，我說：「怕郵局會倒，我要分散風險。」父親菀薾一笑，回說：「20 萬有什麼好分散風險的？」還是職場新鮮人的我，覺得自己辛苦一年攢下來的 20 萬是筆大數目，當然要認真對待。

直到現在工作十多年，有了一筆自己的資產，再回想年輕時為了 20 萬現金想要分散風險的往事，真的覺得自己好傻好天真。因為我體悟到：「資金夠大」才有「分散風險」的必要。

假設現在手上有一筆 100 萬的資金要投入股市，的確是可以平均分散到 2 ～ 3 個標的。若只是剛起步，從零開始一張一張存的小資族，建議持股先集中在一檔，張數累積起來較快，要建立一定程度的成就感，才有信心繼續走下去。若一個月存 1 萬元買股票，十個月有 10 萬元，同樣 10 萬元：

> 方案一：買 5 張華南金
> 方案二：買 1 張華南金、1 張合庫金、1 張兆豐金、1 張 0056

請問哪一個方案看起來比較有成就感呢？

個人覺得方案一的 5 張較賞心悅目。當然，方案二也是好股票，但每支只有一張，張數累積上看起來欠缺成就感，且遇到股市暴跌時，每一支股票的未實現損益都是綠色的，在資金有限的情況下，可能會不知道該先救哪一支。若是選擇方案一買 5 張華南金，就可以專心逢低買進華南金拉低均價。

因此，我會建議存股可以「先集中，再分散」。至於什麼時候該分散，你可以自行設定目標，最好以「整數」為單位，如：10 張、20 張、50 張……甚至 100 張，根據個人財力而定，達到短期集中的小目標後，再將資金分散至第二檔。

既然存股的前期是「先集中」，那集中的那一檔一定要好好挑選，才能安心持有。對我來說，其實每次決定要買一檔新股票是很累人的，必須事前做很多功課，包括該公司的歷史背景、歷年 EPS、股利、盈餘分配率、股東組成結構、主要獲利來源、企業文化……等。

雖然做了一大堆功課，最後挑的還是常見的那幾檔，但心態卻完全不同。因為我之所以持有的原因是「知道」它很好，而非「聽說」它很好。也因為夠了解，所以當公司股價下跌或出現倒楣事時，我才不會一下子恐慌地拋售，願意持續觀察，留給它調整跟重新站起來的時間。

因此，先做功課，挑選一檔自己喜歡且能安心持有的 ETF 或個股，再開始吧！

集中在一籃子裡的薰衣草。
—— 攝於法國 普羅旺斯

存股小教室 20

不要為了分散而分散

　　「雞蛋不要放在同一個籃子裡」這句話是在強調「分散投資」的重要性，可是太分散跟太集中都不符合「中庸之道」，建議持股盡量控制在 10 檔以內。以我來說，光是存 7 檔股票（傳產 2、金融 4、電子 1）就有點忙不過來了。

分散投資量力而為

　　投資股票分散程度，就跟規畫生幾個小孩一樣，要「量力而為」，根據自己的財力、心力，以及能投入多少時間關心而定。分散投資多檔個股的話，力氣也會被分散。如果持股種類過多，而導致疏於關心財報及相關新聞，就有可能在來不及察覺的情況下遺漏重要訊息，錯失了適當的落跑時機。

集中投資未必不好

　　記得之前在存股社團版上有位存第一金的傳奇人物——陳小罐，他存股 12 年，所有錢都專注於累積第一金的張數，共存了 700 張（現在應該更多了）。我曾買了一本小罐大當封面人物的雜誌，看了他的存股故事，覺得能這樣心無旁騖地累積同一檔股票張數長達 12 年，相當佩服其意志力與行動力。

倘若一個人對於所投資的個股，做了很多功課，如：獲利來源、近 10 年獲利、股價起伏規律、護城河優勢、ROE、盈餘分配率、股利政策趨勢、股東結構、公司文化、未來策略展望、每月或每季財報和去年同期比較、成長跟衰退原因⋯⋯等，都瞭若指掌、如數家珍的話，集中投資也未嘗不可。尤其是本金在 50 萬元以內的朋友，不妨先集中、再分散。

無知的分散更可怕

集中投資個股固然要面對孤注一擲的風險，但「無知的分散」恐會將自己置於更大的風險之中。對於所投資的個股一知半解，總是「聽說」它很好，或看新聞報導很多人買，就跟著東買一些、西買一些，甚至只是貪圖節省健保補充保費而分散投資。這種作法美其名是分散風險，其實只是「為了分散而分散」，像隻無頭蒼蠅橫衝直撞、漫無目的。巴菲特曾在《巴菲特寫給股東的信》中提到：

> 很多學者覺得我們投資太集中，風險高，我們不認同，我相信反而集中投資，在精挑細選的好公司，才能降低風險！

可見降低風險的方式並非分散投資，而是「挑選好公司」，唯有持續投資優質股，才是累積資產的正道。若我們只深入

了解一家就先投資一家，行有餘力深入研究第二家時再開始分散。

若初入股市，實在不曉得如何找出自己心儀的優質股，不妨參考存股達人的持股標的，如：

> 陳小罐、孫悟天之於「第一金」
> 大俠武林之於「兆豐金」
> 樂活大叔施昇輝之於「0056」

去了解他們敢持有這麼多張的理由、心法以及入場方式，選擇與自己相符的理念。以前輩的研究起步，選擇標的至少能「雖不中，亦不遠矣」，要輸也難。

現在起，試著了解自己的持股，刪去獲利和股價起伏讓人一頭霧水的公司，留下真正能抱得「安心」、「開心」的優質股吧！

存股小教室 21

換股也要維持複利不中斷

　　查理・蒙格（Charlie Munger）是巴菲特事業上的好夥伴，他有句話說得特別好：「複利是世界第八大奇蹟，不到必要的時候，別去打斷它。」已經投入到股市的錢，即使是我們的存股標的開始走下坡，打算換股操作，也務必要維持每年把錢留在股市領股利，如此複利才不會中斷。過去幾年，我曾因存股標的殖利率變差而趕在「除息前」換過四次股：

一、2017 年 1 月賣中鋼換中華電
二、2019 年 6、7 月賣臺企銀換兆豐金、華南金
三、2020 年 1 月賣中信金換玉山金
四、2020 年 3 月股災賣中華電換玉山金

　　這四次換股，幾乎都是當天完成賣股和買股，即使沒買完，也會盡快把賣股得來的現金在三天內買完，省得越接近除息日漲越多。

換股不用等除息後

已持有的股票，如果規畫要換股，要趕在「除息前」換。

其一，打算賣出的股票此時必定在走下坡，等除息後再賣，漫漫填息之路不知道要等多久才能等到賣點。

其二，即使時間快到除息，直接換下去也沒關係。因為除息前賣出跟買入的股票都是在一年的相對高點，立足點差不多。加上賣股所得的錢本來就是當初已投入存股的資金，如果先賣掉等除息後再買新股，會少領一年的股利，所以賣股後要趁除息前買完，才不會中斷多年的複利。就算墊高了均價也不用擔心，除息後再將薪資閒錢投入繼續買，價格自然降低。

現金買股要等除息後

現金都是付出勞力換來的辛苦錢，所以用現金買股時，價格就要稍微計較一下。

股票每年從三、四月公布股利後，價格會一路炒作到除息前，漲幅往往超過股利，硬是參加除息不僅會拉高庫存均價，

而且得來的股利，可能還沒填息就要納入所得稅計算，即俗稱的「左手給右手」，對存股新手而言心理壓力較大（當然時間久了也都一樣，只是開始的前一、兩年較難熬）。

　　除息後買，均價低、壓力較小，雖沒領到股利，但除息後開盤價是已扣除股利的價格，跟在除息前買的效果是一樣的，而且沒有股利納入所得稅的問題。

小車觀點

▲換股要在「除息前」。
▲現金買股要在「除息後」。

★僅提供個人操作經驗，請自行斟酌。若不想太複雜，定期定額也是很好的方法。

存股小教室 22

股價高點要獲利了結嗎？

　　價差族最愛虧存股族未實現損益賺再多，不賣也只是「紙上富」。我們也可以換個角度想，當股災來臨時，未實現損益的虧損再多，不賣也只是「紙上虧」。持有股票，該關注的是公司的「基本面」與獲利，而不是股票的價格。

　　「不以物喜，不以己悲」是范仲淹〈岳陽樓記〉中的千古名句，意思是指我們不須因外物的好壞、個人際遇的得失而感到歡愉或沮喪，寵辱不驚，處之淡然，這樣情緒才不易受外在俗務所苦。而在股市，也同樣以這句話期許大家來提醒自己：只要公司基本面不變，大可遠離市場，漲跌不驚，心情不被價格綁架，隨之起伏。因為不管是「紙上富」還是「紙上虧」，它都是「未實現」的。

來探討一下獲利了結的原因

　　我們都知道「現金」是最不保值的，只會隨每年的通貨膨脹而越存越薄。投資除了增加資金報酬率之外，同時也是將錢轉變成「資產」（如：房地產、股票），如此才能隨著通膨一起上升達到保值的效果。因此，大家要思考的是有什麼原因，需要把好好的資產（股票）獲利了結，變成最不保值的「現金」？

1、付買房頭期款

可行，股票轉換成能住的資產更安心。

2、應付家中緊急現金需求

當然可行，總是要解燃眉之急，才能考慮未來。

3、換股

可行，若獲利了結是為了換殖利率更好，或是更優質、更令人安心的股票，也是不錯。不過須注意高價位賣出，換高價買入另一檔股票，再加上手續費跟交易稅，可能會導致賺得不多，甚至小虧，所以買賣目的只為換股，不為獲利。建議換股頻率不宜過高，以免均價一直保持在高水位的狀態，每次換股必須是「深思熟慮」過後的行為。

隨意獲利了結，當心因小失大

倘若高點獲利了結不是以上三種原因，純粹只為了實現帳面上賺的錢，當心會因小失大。

其一，資產換成現金，若沒有其他規畫，長久來看，並不划算。

其二，賣股等除息後低點買回，但市場變化莫測，難以預

期能否再出現比你「持有成本均價」更低的價格，而且還浪費了一次領股利的機會。

　　若繞了半天資金還是沒有適合的去處，就只能再用高於自己原本的均價買回，如此一來一往不一定划算。就算每年除息前賣出，除息後買回，在多頭市場時也許賺得比領股利多，但均價也一直隨大盤的推升維持在高點。一旦遇到股災或公司衰事，股價盤旋在低檔，無法短時間漲回，未實現損益常年綠色，不僅影響心情，更考驗存股耐性。

? 獲利了結前，先問自己幾個問題

Q1 目前有現金需求嗎？

☐是　　☐否

Q2 打算換的股，5 年平均殖利率及基本面真的有比現在這支好嗎？

☐是　　☐否

Q3 若無現金或換股需求，有先幫資金找到年獲利高於 5％的去處嗎？

☐是　　☐否

如果答案皆為否定，現在最好的方法就是遠離獲利了結的誘惑。

他山之石，可以攻錯
（存股粉專、社團、書籍推薦）

　　知名物理學家牛頓有一句名言：「如果我比別人看得遠，那是因為我站在巨人的肩膀上。」這句話不僅能看出牛頓的謙虛，也告訴大家：一位初學者若願意採納、吸收過來人的經歷與智慧，便可以在邁出第一步時，擁有巨人的眼界與高度。

　　2021 年 1 ～ 3 月金融股在低點盤了很久，有人在金融股社團 PO 出自己滿滿的綠色未實現損益，問說：「存金融股好嗎？已經存 2 年了，還是虧損。」 我忍不住留言：「放個 5 年就會變紅了啦！」如果對方後來選擇堅持抱下去，不必 5 年，只須撐到 2021 年 10 月，其未實現損益就已是令人愉悅的紅色了。

王安石山洞遊歷的領悟

　　以前高中讀過一篇王安石的〈遊褒禪山記〉，內容是作者與四位友人手持火把，進去一個山洞冒險。一開始路還很好走，

後來進去越深，前進就越困難，不過所看到的景象也就越奇妙。同行之中有位比較容易焦慮的友人提議：「再不出去，火把就要燒完了。」於是，王安石一群人沒有遊完山洞就中途出來了。

出來後才發現原來他們進去遊歷的深度，大概還不到山洞的十分之一。作者便開始懊悔當初明明大家的體力還夠前進，火把還能繼續照明，為什麼不往前多遊歷一些呢？

我們需要一位嚮導

其實王安石一行人這麼早就放棄也是情有可原，畢竟人面對未知時難免充滿恐懼，這時「前輩的經驗」就很重要。假如他們在進山洞之前，找一位熟悉山洞的在地嚮導，經驗老道的導遊必定知道事先多帶幾根火把，且行進間多了一位領路人，相信要走完全程也不是件困難的事。

存股亦是如此，沒買過股票，一時半刻要改變觀念走出舒適圈當然會怕。這時若身邊有成功經驗的朋友可以帶著你一起做是最好的。但如果你孤身一人，去找一本激發動力去嘗試的存股書籍，或跟一個能夠說服你的存股流派，就能幫助我們在這黑暗的洞穴裡走得更安心，少些半途而廢的遺憾。

開始去尋找一位屬於你的「存股」嚮導吧！

存股小教室 23

存股粉專跟社團推薦

　　現實生活中，和我一起認真存股的夥伴不多。直到加入存股相關的粉專和社團，臉書打開來滿滿的同溫層，才發現自己在這條路上，其實並不寂寞。下面想推薦一些無論是在心靈或在資訊交流上，都讓我獲益良多的粉專或社團。

一、粉專推薦

小資族的存股翻身記

　　王鉢仁（王大）是「官股第一金、華南金、合庫金存股社團」的版主，小資族的代表，月薪 3 萬還能省吃儉用來存股，存股資歷約 4 年，小有所成，典型「賺多少錢不是你的錢，能存多少才是你的錢」的代表。看了王大的人生故事，就覺得自己的生活沒什麼好抱怨的。偶爾遇到瓶頸時，總會告訴自己：「他這麼辛苦都做到了，我們沒有理由不行。」王大也會到社團分享一些勵志話語，陪伴大家前行。這是他個人的粉絲專頁，裡面是他的心情隨筆，社團有時候訊息太雜，若純粹只想看他的發言，去粉專可以省去搜尋的工夫。

大俠武林

　　主力存兆豐金的朋友，可以參考大俠的粉專，裡面有很多

兆豐金的詳細資訊，還有他的獨門心法：「專注本業，閒錢投資」的存股哲學。生活重心應該要拿來提升本業收入，存股則是能簡單就別往複雜做，對的事情重複做，閒錢投入、長期持有便能收到功效。不過，大俠退休前的本業收入很高，一般薪資族也許無法像他一樣這麼快收到存股的成效，但藉由他的例子，我們可以預知 20 年後本大投入的效果。

還有大俠堅定不移的存股心態，在遇上酸民質疑時，他會用紮實的論點與對帳單一一擊破價差族的質疑，讓存股族看了有一吐怨氣之感，是存股界很有戰力的代表。

孫悟天存股 - 孫太

孫太的粉絲專頁，女性主筆的文章讓同為家庭主婦的我更有共鳴，主張做個優雅存股族。孫太與孫悟天為存股夫妻檔，夫妻同心，張數累積速度更快，主力是存第一金，第二階段開始存開發金。兩人不時會在粉專分享年輕時那段咬牙撐過的艱難歲月、累積第一金張數的過程，以及一些存股金句，他們的人生故事和財商文章都很值得閱讀。

樂活分享人生

這是樂活大叔施昇輝的粉專，他也是擁有堅定的信念，不論酸民如何攻擊，他總是能四兩撥千金地化解質疑，具有真正大師的氣度與風範。而且他的生活裡，不只有投資理財而已，

還有旅遊、藝文活動、參與各方邀約的訪談、閱讀……等，把生活過得多彩多姿，不被金錢綁架住時間，是我退休生活最嚮往的境界。

股市米蟲王：持續買進台積電零股

之前礙於手續費，我買股都會存到 14000 元以上才會考慮進場，當然金融股價差不大，經常都是存到一張的錢再買。但買入台積電可不同，價格在 570 ～ 669 元之間上下波動大，若存好 14000 元一次買 23 股，買點難抓，很有可能為了等買點越等越不敢買。

股市米蟲王透過盤中零股交易，每天公開買 1 股台積電的對帳單，非常有執行力。而我的券商盤中零股手續費也只要 1 元，這樣一天 1 股價格高低都買到了，均價處於中間值，且一股六百多元，買貴了頂多差 10 元，心理壓力也不大。

台積電雖是超級優質股，但面對價格起伏大的電子股，這是個讓我敢安心進場的最好方法（個人投資觀念，請自行判斷，勿隨意跟單）。

我買台積的理由 - 小資族從股災中靠買零股賺到六個月年終

這是眾多台積電粉專與社團裡，少數對台積電公司獲利有較深入研究的粉專。「我買台積電的理由」系列文章，深入淺出，分析有憑有據，即使對電子業不太在行的我，也能輕易了解台

積電的好，更有信心地持有。即使現在粉專已經很久沒更新，不過之前的文章仍是值得一讀喔！

二、社團推薦

金融存股輕鬆學

知名存股部落客孫悟天和孫太創立的社團，主要由孫太管理，人數 19.4 萬，社團內氣氛較佳，新手在這裡問問題，較能得到友善的回應。不過建議還是先做些功課再發問，或先看一下粉專「小車 x 存股實驗」的文章。

金融存股粉絲團

人數 23.1 萬，資訊更新快、團員互動密切，不過人多酸民也多，我通常加入社團不太發言，但確實是個快速取得資訊的好地方。

官股第一金、華南金、合庫金存股社團

人數 14.4 萬，優點和「金融存股粉絲團」差不多，是我主要取得金融股資訊的兩個社團。不過此社團價值最高之處，仍在於版主王大的心情分享。

存股書籍推薦

日前與親友聚餐，聊到存股領股利的話題，才發現很多人對股市仍頗有戒心，投個小錢賺價差可以，但壓大筆錢去存股就覺得風險太大、容易血本無歸，還是定存和儲蓄險這種不蝕本的投資最有保障。即使會因為通膨而讓錢變薄，也不至於將積蓄完全賠光。

我心想：一個人的投資理財觀念是從小深受家庭潛移默化影響，數十年來養成的概念要顛覆與改變真的很難。

習慣的養成與改變都是項大工程

以前國中有一篇課文叫做〈習慣說〉，敘述作者劉蓉讀書時常在房裡走來走去，而房內有個小窪地，他常不小心被絆倒，但日子一久也就習以為常了。

直到有一天，父親命人將窪地填平。結果劉蓉之後踩到填平的地面時，總會像踢到什麼東西似地嚇一跳。然而，等時間一久卻又習慣了。

他因此感悟：好習慣要在一開始養成，才不必花費太多時間與力氣去改變。

不斷閱讀與學習，觀念才有翻轉的可能

　　如果我們過去沒有養成良好的理財習慣、正確的財商與投資觀念，確實需要時間與心力才能改變。花多久時間養成的習慣，就得花多久時間去改變，急不來的。月光族要習慣存錢，定存族要「敢」把錢投入股市，這些都需要時間適應，並且拿出勇氣與行動力。

　　「書中自有黃金屋」，許多新觀念都需要持續閱讀和學習來建立。你可以善用成功者的經驗來安定自己的心，找一本能改變你財商觀念的書，迷惘時拿出來翻一翻提醒自己──莫忘初衷。

我家書架。透過不斷閱讀來更新觀念，迷惘時翻來提醒自己莫忘初衷。

存股好書大家讀 1 ：《存股輕鬆學》孫悟天

剛開始接觸存股的朋友，可以嘗試從這本入門。

書中沒有線性和圖表，重點擺在存股理論、選股策略，以及為什麼要存股，還有持股的態度。內容深入淺出，集合各家存股心法，再加上作者善用淺顯譬喻來解釋相關知識跟想法，堪稱存股書的精選輯。其中一章刊載破除存股常見的 10 大疑問，看完能幫助釐清迷思，抱起股來更有信心。

如果你實在不愛看書，誠摯推薦你將這本作為唯一的存股案頭書（這句好像業配），在股海浮沉迷失時，可以隨時翻閱，初心不忘。

存股好書大家讀 2：《減法理財術，人生大加分》施昇輝

雖然我的存股標的與樂活大叔施昇輝專攻的 0050、0056 不同，但他的「投資心法」非常值得學習。本書有點像《朵朵小語》，以一句金句搭配一篇短文來分享他的理財觀念，比喻貼切、語氣幽默，讀起來輕鬆沒有負擔，而且能帶來很大的啟發。

如果說《6 年存到 300 張股票》、《存股輕鬆學》是在為存股打下知識基礎，那《減法理財術，人生大加分》則會賦予你「進場的勇氣」。樂活大叔把買存股講得簡單愉快，不用賺多，

只求穩穩賺、輕鬆賺，任何人都能上手，讓害怕投資的人，也能有進場的勇氣。他曾在粉專這樣比喻自己：

> 學校規定每個學生都要游 25 公尺才能畢業，然後有 2 個教練可以讓學生選擇。A 教練曾是游泳國手，希望把每個學生都訓練成比賽選手。B 教練只是體育系畢業，只希望讓學生能畢業，而他最大的目標是讓那些非常怕水、或是連換氣都不會的學生也能畢業。
>
> A 教練非常瞧不起 B 教練，認為被他教出來的學生姿勢都不對，都不可能成為比賽選手。結果大部分的學生都選了 B 教練，讓 A 教練更生氣，說 B 教練根本是誤人子弟。
>
> 最後，所有的學生，連那些原來根本不敢下水的學生都畢業了。最後，全校沒有人成為比賽選手，但每個人都熱愛游泳。

我覺得樂活大叔是很棒的 B 教練，雖然他的方法無法讓人大賺一筆，卻能幫助不敢投資的人不再害怕投資，開始投資，甚至愛上投資。

我也不奢望自己成為比賽選手，只求游泳成績及格過關，不讓薪水被通膨吃掉，偶爾用股利吃個大餐、去旅行、付房貸，

顧好自己的工作和生活即可。薪水以外賺的錢就交給優質的公司去煩惱，我只想當個小股東開心領錢。

樂活大叔的處世哲學與退休生活一直是我最嚮往的，閒來坐郵輪去旅行，去唸年輕時嚮往的電影研究所，偶爾上上理財節目、寫寫書，但絕不接任何業配，堅持演講只談 0050、0056，忠於本心。

有錢，能過上自己想要的生活，不再被金錢奴役，這樣的財務自由才有價值。若退休後仍成天在股市裡殺進殺出，即便財務自由了，「心」卻不自由。

存股好書大家讀 3：《用心於不交易》林茂昌

林茂昌和樂活大叔一樣，都有顯赫的財經學歷背景，以及專業操盤手的經歷，在股市浮沉多年，最終也選擇洗盡鉛華，回到存股「不交易」的世界。

書中沒有線性、沒有圖表，重心擺在存股心法，作者運用自己專業的財經知識，搭配一些理論和投資者的心態，說明為什麼投資的獲利，來自於「不交易」。

他以「零和遊戲」及「正和遊戲」兩個理論，合理解釋了

為什麼買賣價差常常有賺有賠，而存股領股利的勝率極高的原因，因為兩者完全源自於截然不同的獲利方式。另外當然也有作者的經驗分享。

這本和《減法理財術，人生大加分》一樣，都是談存股的心法，不過林茂昌用了比較多的理論去解釋，需要花點心思去理解，但也因此有助於我們釐清一些似懂非懂的觀念。有興趣深入了解的人，可以來挑戰看看喔！

存股好書大家讀 4 ：《股息 COVER 我每一天》大俠武林

以存股為題的書不計其數，但我始終只想推薦心態最純正的存股書籍，大俠武林的《股息 cover 我每一天》是我近期讀過的「真」存股之書。

這是一本兆豐金存股實務大全，大俠將如何判斷與買進的方式寫得鉅細靡遺，完全不藏私，即便是新手也一定看得懂學得來、複製其成功模式，而且套用在其他官股金控上也毫無違和，只不過我們要先專注本業，多賺一點錢才行。

全書大致分作「心態」和「操作實務」兩方面來談。大俠除了表明為什麼敢重壓且長抱兆豐金的理由，還一一破除各種

常見的恐慌心理，幫讀者建立正確的持股心態。操作實務上，提出「定期定額」及「不定期不定額」兩種方式，讓人無論股市如何連續上下漲跌，都能安心買進、風險分散，這部分對我來說收穫很大！

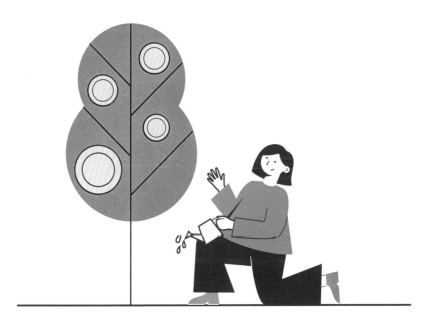

第四章

我也曾經好傻好天真

—— 小車
股海歷險記

4

存股的挫折與成長

在存股的過程中，當然不可能一帆風順，我也曾經歷過一些持股價格令人難熬的時刻。有些挺過了，驀然回首，心境自然「也無風雨也無晴」；但也有過耐不住心魔，停損在最低點當了韭菜的時候。不過這些摸索的過程並非毫無意義，反而紛紛化做茫茫股海上的盞盞明燈，引領我繼續航行至更正確的方向。

挫折一：存景氣循環股，心臟要夠大顆

之前提過「景氣循環股」有個獲利會隨著市場供需而大起大落的缺點，俗稱「三年不開張，開張吃三年」。2018 ～ 2021年是水泥類股景氣高點，讓我不禁回憶起自己 2015 年購入亞泥後，經歷過的心情三溫暖。

亞泥是老字號的傳統產業，至今已連續配息 38 年。2015 年我以 38 元的均價買了亞泥，當年配息換算殖利率高達 5.7％。不料，從那一年之後水泥生產開始走下坡，每季衰退的財報除了讓人擔憂隔年的股利，加上市場一致看空，導致股價一路下跌，最低跌到 26 元。

2016 ～ 2017 年之間，股價最高只爬到 32 元、31 元，遠低於我的成本價 38 元，衰退的股利更讓殖利率換算下來只剩 2.3％。我拿著這少到想哭的股利，在套房裡住了三年，直到 2018 年獲利回穩，股價才又重新爬回 38 元，甚至到 2021 年的 45 元。

當然，如今回首一切雲淡風清，但 2015 ～ 2018 年間的低迷股價和微薄股利，實在讓持有者的心情很煎熬。在此建議打算購入景氣循環股的朋友，要有最差被套 3 ～ 5 年的心理準備，而且低週期的那幾年，不僅股價低，連股利都低到殖利率只有 2％左右。

如果存股目標是未來靠股利生活或付房貸、房租，這種配息就顯得不夠穩定。要多多考慮一下喔！

小車筆記

▶ 若真的打算長抱「景氣循環股」須注意以下三點：
❶ 不宜在高週期時追高，宜在低週期搶進。
❷ 股利會大起大落，殖利率 2%～ 8% 都有可能。
❸ 資金要有被套牢 3 ～ 5 年甚至更久的心理準備。

挫折二：韭菜經驗談

以前我也有過存股存到太無聊，跑去做價差的經驗，結局當然就是被當成韭菜收割。那時我自認做足了功課，以為能預測價格的走勢，結果卻事與願違。

我一直是 iPhone 的忠實顧客，因而留意到「和碩」這間台灣知名的組裝代工大廠，常年與「鴻海」分別負責 iPhone 不同機型的代工。

2017 年蘋果預計 9 月推出 iPhone 8、iPhone 8 Plus 還有 iPhone X 三款手機，其中 iPhone 8 主要由和碩代工，iPhone 8 Plus、iPhone X 則由鴻海代工。當時消息一出，和碩股價開始提前反應，從 2017 年 3、4 月一路狂飆到 7 月的 100 元，創下歷史新高。

　　和碩股價在狂飆到 100 元之後便逐漸下滑，我看著它一路飆到山頂又下跌，到了 2018 年 5 月，我覺得「應該」夠低了，於是陸續買進四張均價約 67 元的和碩。想說先買著放到 7 月底領股利，等到 9 月 iPhone 新機一出，就能漲到之前的 100 元，賣出還能賺價差，一切計畫得非常美好。

　　於是我在 2018 年 8 月除息後，繼續等待 9 月的新品 iPhone XR 和 iPhone XS 推出。和碩主要代工是較平價的 iPhone XR，不料 9 月推出之後評價不佳，連我這位忠實粉絲都不想買。後來和碩的股價就應聲而倒。原本精心布置的局，卻沒有照我預想的劇情走，最後努力撐到 2019 年 1 月，以均價約 49 元賣出，換回一些兆豐金，當了一次典型被割的韭菜。

　　感謝我這「第一次做價差就失敗」的經驗，藉此明白自己沒有做價差的天份。既然我的人生沒有僥倖，就踏實地專注本業，賺錢存股，圖個穩穩賺，賺久久。

我的持股試探歷程

　　本節我想談談自己的「持股哲學」。下圖是我平常使用的「所有」保養品，它們既非昂貴名牌，亦非藥妝店開架的商品，卻是我嘗試過諸多品牌中，用得最順手、肌膚最能吸收、效果最好的，這些去蕪存菁後的最佳組合，就是最適合我的保養品。

　　許多人化妝桌上瓶瓶罐罐一大堆，甚至有人每天輪流用一種。如有上述情況，不妨仔細評估一下，是否每一罐都適合自己的肌膚？若答案為否，就該適時地斷捨離。

我的所有保養品。不求昂貴名牌，而是挑選「最適合自己」的組合。

存股標的，先試探再去蕪存菁

存股標的選擇也一樣，要多方試探後再去蕪存菁，留下幾檔自己存得最安心的股票。2020年我在金融股存了一定張數後，閱讀了華倫老師（周文偉）的書，覺得應該要趁股災開始布局民生用品股，分散風險。於是我大量做功課，找了幾檔達人推薦、獲利較穩的個股，試探性買了幾張或零股。經過幾個月的嘗試，紛紛由於不同因素而賣出，這才明白只有官股四金和玉山金，才是與自己個性相符的股票。

以下是我在2020年4～7月抱了幾檔民生股的不專業感想：

台汽電

台汽電是由經濟部主導，結合台電、兆豐銀、中華開發和國內幾家著名機電製造公司所成立的汽電共生公司。「電」是民生必備，加上由官方主導，感覺頗像中華電。買進後觀察營收新聞，都是不斷創新高，成長高達107%、484%......，甚至還有1643%這種驚人數據。但更奇妙的是，儘管營收不斷創新高，但第一季的EPS只比去年多0.01元，實在令人困惑。

爬了一下資料，才發現台汽電的營收來源，多半由轉投資業外電廠貢獻，本業營收占不到整體的2成，所以本業營收的新聞根本只是裝飾用，無法透過觀察每個月財報推估EPS，讓

我抱起來像在霧裏看花，不太真實，於是等到價格漲回便賣出。

大成

為國內最大雞肉供應商，經濟再怎麼不景氣，肉還是得吃，加上 2020 年從年初開始獲利不斷創新高，前景值得期待。趁股災買了一張，後面陸續加碼了幾張，只能說這檔股價實在太會漲了，後來漲到價格多了 7 元左右我便抱不住賣出了。

花仙子

國內除濕驅塵類產品龍頭廠商，好神拖、去味大師、克潮靈 …… 都是民眾愛用的商品。2020 年 4 月中買了一張，看新聞發現 2019 年獲利大爆發已經漲了一大段，加上 2020 年第一季的獲利和前一年相比，每月都 34%、44% 的幅度在衰退。我擔心之後股價會因獲利下滑而跌落，所以也是一等價格漲到超過持有均價就賣了。

中保科

保全雙雄之一，太貴只能買進零股，抱一抱覺得殖利率只有 4.6%，跟中華電差不多，只抱了一個月就賣了。（我到底是在幹嘛～～ ）

就這樣鬧事地試探完了一輪，發現「金融股」才是我的「真愛」，決定乖乖回去累積張數。

股性相合才抱得久

存股達人孫悟天在著作《存股輕鬆學》中提出，要找到和自己「股性相合」的標的，也許不是漲最多或賺最多的一支股票，但擁有它可以安心睡覺、專注本業、過上安穩生活。換句話說，每個人都該挑選漲跌幅度跟股利政策最符合自己個性及人生規畫的股票。獲利固然重要，但能抱得安心、抱得住更重要。否則再好的股票。若讓自己抱得提心吊膽或一天到晚想賣，將難以靜下心來，專心累積張數。

換股操作分享

　　存股原則上是只進不出，每年坐領股利，但「殖利率」、「公司獲利」以及「公司管理是否出現紕漏」三項，是我每年檢視核心持股要不要汰換的依據。若公司體制穩健，就算偶發出現衰事，只要公司獲利維持上升或持平都能安心續存。若是獲利接連衰退（景氣循環股除外）又看不見公司拿出因應措施的話，就要思考在合適的時機進行「換股」操作。

變了質的股票，就像禁不起狂風的落葉，當斷則斷。
—— 攝於樓蘭。

換股一
銀行放款不夠謹慎：
臺企銀換兆豐金、華南金

　　2018 年，剛拯救完彰銀的施建安轉戰臺企銀擔任總經理，使臺企銀的業績提升許多，每月 EPS 也較往年成長不少，加上又是便宜的官股銀行，一時間深獲存股族青睞。

　　2019 年 2 月我也跟上這波熱潮，陸續以約 11.25 元的均價購入臺企銀。後來臺企銀接連踩了華映、綠能的雷＊，甚至到 6 月踩了潤寅詐貸＊＊的大雷。當然銀行踩雷不是什麼新鮮事，但讓我介意的是臺企銀為何在沒有什麼擔保品的情況下借出 13 億？假設有超過一半比例的擔保品，被倒帳也不至於損失這麼慘重，反觀另一家大苦主王道銀行也是借了 14.7 億，但扣除擔保品後呆帳降為 6 億。

　　那時我開始覺得臺企銀也許為了衝業績，在放款上不夠謹慎，日後可能還有大大小小踩不完的雷，於是我在 2019 年 7 月以約莫 13.5 元的均價，將臺企銀股票全部出清，換成華南金與兆豐金參加除權息，有驚無險地度過這半年存臺企銀的跟風之旅。

　　＊ 編註：大同集團轉投資華映、綠能、半導體尚志失利，導致這三家子公司下市，股票變壁紙。（參考出處：公視新聞網、財訊）
　　＊＊ 編註：紡織貿易商潤寅公司負責人楊文虎、王音之夫妻以假財報向 12 家銀行詐貸 472 億餘元。（參考出處：遠見雜誌）

後來 2019 年 11 月施建安請辭，臺企銀業績也打回原形，股價從 2020 年 3 月股災後到現在都爬不回來。如今回想，很慶幸那時當機立斷跑得快，所以存股還是不能完全不動，要持續觀察其表現。一旦買進的理由消失（如：安心、管理穩健、持續獲利……），就是該說再見的時候了！

換股二
交易風險管理有疑慮：
華南金換台積電、合庫金

在我的核心持股中，原本從 2018 年開始存的「華南金」占比將近一半，均價經過配股降至 17.3 元，即使經歷 2020 年 3 月股災，它在我的未實現損益裡大部分時間仍是紅色的。

原先持有華南金

我的金融股規畫是官股搭配民營，官股穩健、民營衝刺。官股打算從官四金裡高價挑一檔，低價挑一檔。高價挑了官銀模範生兆豐金，低價在「華南金」與「合庫金」之間做選擇時，覺得華南金歷史悠久，且旗下銀行備抵呆帳覆蓋率及逾放比表現皆為四大官銀之首，具備穩健與「雄厚」的本錢。加上其股利策略為一半股利一半配股（合庫金為 8 成股利 2 成配股），實際報酬率也略勝一籌，所以我選擇了華南金。

華南金留校查看，暫停加碼

直至 2020 年 3 月，華南金控旗下的華南永昌證券因交易風險管理不佳，出了虧損 47 億的大包。照理說公司出了倒楣事，應該勇敢趁機買進，但我認為這個雷，在於華南永昌證券沒有做好管理的工作，虧損並非完全無辜。

當然華南銀仍是一間超棒的銀行，交出了不錯的獲利成績單，只是整體金控被華南永昌證券的失誤連累了，因此我當時暫將華南金留校查看，沒有趁股災時加碼。

部分換股台積電、合庫金

後來持續觀察 2020 年華南金的 EPS 表現到 8 月，估算即使往後四個月獲利正常，當年的股利實際報酬率大概只有 3％左右。既然報酬率都這麼低了，不如賭一把，換更有前景的台積電與 2020 年獲利表現正常的合庫金。

於是我在 2020 年 8 月除息後陸續賣出華南金（賣出價皆超過我的均價 17.3 元），一部分換四百多元的台積電，一部分換跟它同等級的合庫金，而原先規畫要買華南金的資金也都轉向買合庫金。華南金只留下一小部分，觀察 2021 年的表現再決定去留。如果華南金的 EPS 到 2021 年 7 月都表現正常，除息後用

每年規畫投入的資金買回；如果再出大包，就考慮全部出清換合庫金。

後記：2021 年華南金 1 ～ 7 月累積 EPS 為 0.85 元，表現正常，我已於除息後開始買進。

股災加碼與反思

在股市投資裡，人人都希望能買到物美價廉的股票，無論是存股族或價差族，都很喜歡在股市行情上揚時發下豪語：

「如果股災來，我一定要歐印（all in），抵押房子來買！」

「如果股災來，我一定要買多少張！」

「如果股災來，我一定要越跌越買，像大俠一樣買出微笑曲線……」

然而，繼 2008 年金融海嘯之後，睽違十二年的股災，終於在 2020 年 3 月出現了，不知道那時的你在做什麼呢？是撿便宜優質股撿到滿載而歸？還是滿手現金眼睜睜看著股價下跌又漲回，然後再看著它攀上歷史新高呢？

撿到麥穗了嗎？（股災加碼玉山金）

古希臘哲學家蘇格拉底，某天帶著幾個弟子來到一塊麥田，那時正值麥子成熟時節。蘇格拉底對弟子說：「你們每個人去麥田裡挑一株最大的麥穗給我，過程只許前進不能後退。老師在盡頭等你們。」

弟子們陸續走進了麥田，一路東挑西揀，途中有幾株大麥穗讓他們動了摘下的念頭，但想到前面可能還有更大的，便毫不猶豫地繼續前行。

就這樣，一群人低頭拚命尋找，走到麥田的盡頭時，弟子們才驚覺自己兩手空空。

人生如同在麥田中行走，我們大多跟那群弟子一樣，總覺得前面還有更大、更好的麥穗可以挑選，所以一再錯失良機，最後雙手空空。當然，追求美好沒有錯，但眼前握在手中的這一把麥穗，才是最實在的。

2020 年的 3 月股災，是我存股以來遇到的第一場股災，有些緊張，但更多的是興奮，因為見證歷史的時刻終於到了！正

巧我在 2020 年 1 月才一口氣把中信金持股出清換了玉山金，均價落在 29 元的高點，遇到美股第一次融斷後，立刻解了加碼金的定存（不多，請不要對上班族的加碼金有太多幻想），開始從 28 元一路往下買。

有位平日跟我交情不錯，但不同辦公室的同事 A，她的辦公室有一位股市投資大師，存股也做價差，我常常請同事 A 跟我分享來自大師的情報。

2020 年 3 月初開始大跌時，同事 A 問：「大師可以進場了嗎？」大師說：「別急，才剛開始。」當時玉山金 28 元，我已經開始買了。

等到玉山金 25 元時，同事 A 再問，大師回答：「千萬別急，時機還沒到。」當時的我，依然繼續買。

等到玉山金 23 元時，同事 A 問，大師依然說：「還沒到谷底，還會再跌。」當時的我，還是繼續買。

直到 2020 年 3 月 19 日玉山金跌停 20 元，我擠出錢買了最後一張玉山金，證券戶的現金都花光了。

沒錢的我，也就不太關心之後的走勢了，省得越看越傷心。

然而，那天之後玉山金就開始回升了。

到了 2020 年 6 月，玉山金爬回 26 元，我問同事 A：「大師到底買了沒？」同事 A 說：「我昨天聽到大師跟他好朋友聊天，只聽到 X ～～～，漲那麼快，我都沒買到。」

人生是一條單行道，雖然我撿的麥穗不是最大的，卻真真實實握在手中。

如果股災再來一次，我會怎麼做？

我在粉專分享了 2020 年 3 月股災加碼買進的故事之後，許多朋友都很懊悔錯失良機，或遺憾當時尚未加入存股的行列。

如果同樣機會再度來臨，你是會重蹈覆轍，恐慌出清優質股？或者又在等「最低點」等到像大師一樣罵髒話呢？局勢不明的時間越長，越能看出存股者的心態堅定與否。所以，不妨把平日的股市小震盪，當成一次次的小考，測試自己適不適合存股吧！

根據那次股災的經驗，我在操作上也有一些反思與修正，

如果股災再來一次，會改用下列方式買進：

一、以零股交易分批加碼

雖然 2020 年 3 月股災下跌時我勇敢使用加碼金買進，但可惜買得太急，一次買一張玉山金，錢一下子就買完了。

現在股市開放了盤中零股交易，假如股災再來一次，我會將能投入買股的資金份數分得再多一些，以小額買零股的方式分批加碼。秉持買綠不買紅的原則，遇到跌深就買兩份的錢，漲回的交易日就不買，以確保下跌時都有錢能加碼，直到跌幅緩解為止。

二、買進超跌的優質股

金融股價格波動較小，股災來時也免不了下跌，但幅度相當有限，尤其是官四金，跌幅幾乎與平日震盪無異，所以平時主力存官四金的朋友，股災時會抱得比較安心。不過若想趁股災以現金加碼時，應該買進平日殖利率太低或價格偏貴讓人下不了手的優質股，如：台積電、大成、統一超、中保科……。

我在股災當時買了 269 元的台積電零股，還先後買了幾張均價 37 元的大成。到了 2021 年 9 月，台積電漲到 620 元，大成也爬到 54.9 元，可惜那時買的台積電零股和大成，早在 2020

年 6 月便抱不住賣出換成房屋的頭期款了。後來看了闕又上老師的書後，才又重新於 2020 年 8 月開始陸續買進台積電。

雖然之前趁股災使用加碼金勇敢進場，但大部分都拿去買玉山金了。當然玉山金是獲利不錯的公司，而且那次買進也幫助我降低了持股的均價。但一年後（2021 年 11 月）重新回顧，若我當初將加碼金購入超跌的台積電與大成，只須把握這一次，就足以將這兩檔平日買不下手的優質股均價，建立在不敗的低點之上，往後就算持續用較高價格買進，也很難撼動均價了。

所以，如果股災再來一次，我會選擇買進大跌期間價格超殺，但營運獲利正常，甚至業績提升的優質股。畢竟股災是大環境的問題，而非公司營運出狀況。這就跟百貨公司結束營業的跳樓大拍賣一樣，平日專櫃動輒數萬元的 LV、香奈兒包包，本身沒有瑕疵，只因為百貨公司關門而讓價格下殺到 5、6 折，手上有閒錢的話，若不趁機搶購，還要等到什麼時候呢？

第五章
存股心態篇
──堅定你的心

進場的勇氣

　　「存股小語」系列文章是我存股多年來的一些感觸,初期面臨到的困惑、徬徨以及心裡曾過不去的坎,隨著存股年數、張數的增長而逐漸豁然開朗。在此將這些年心中的體悟結合一些小故事或文學佳句撰文分享,但願能陪伴並給予各位繼續前行的力量。

　　存股須面臨的第一個關卡就是「買股票」。傳統觀念裡,股市是吃人不吐骨頭的地方,所以涉足股市前應多閱讀相關書籍、參考前輩的經驗來建立正確的財商觀念,以及學習適當的操作方式。不過,即便是專家一致推薦的股票,零經驗的新手還是會不知所措,遲遲不敢進場。其實買股票就跟結婚一樣,縱然是交往多年且條件不錯的對象,也要有一點衝動才能勇敢跨出那一步。因此,在建立好正確的存股觀念之後,你還需要「進場的勇氣」。

存股小語 1

自古沒有場外的舉人

以前高中課本有一篇選自《儒林外史》的文章〈范進中舉〉。故事中，范進是一位窮困的科舉考生，年過半百好不容易中了秀才，想繼續考鄉試，無奈沒有旅費前往，打算向岳父大人借錢。想不到因此被岳父羞辱，嘲笑他「癩蝦蟆想喫起天鵝屁」！范進回到家中，心想：宗師說我火候已到，自古沒有場外的舉人，如不進去考他一考，如何甘心？

後來范進瞞著岳父籌足了旅費去考鄉試，果真還中了個舉人。

常有朋友聽了我的存股哲學後，心動不已準備進場時，往往會殺出個視股票為洪水猛獸的長輩或親人勸阻，導致不少人多年來不敢付諸行動。看著他們的踟躕，我腦中總是浮現「自古沒有場外的舉人」這句話，腹有才學，不考科舉，如何功成名就？

2021 年除息季台股全體上市櫃公司合計發放現金股利 1.54 兆元，創下台股配息新高紀錄。這些錢足夠讓全台 2300 萬人每人分得約 6.7 萬，相當於多領 1 ～ 2 個月的薪水（當然我指的是小資族）。不過，想領取這個紅包的前提是，你必須持有入場券——能配股利的股票。

不管你的入場券是跟黃牛買（價高），或者趁大特價撿到便宜（價低），通通可以參加領紅包的活動。遊戲規則很簡單，也很公平，就是買越多，紅包領越多。想領錢，就得「進場」。

早一年進場，早領一次錢。即便不小心買貴了，多領個幾年紅包，終究會降低成本。若你只在「場外」關心，始終嫌入場券太貴，那麼你永遠只能在旁乾瞪眼。這時千萬別抱怨那些滿手紅包的人，為什麼可以不工作領這麼多，人生真不公平……

別忘了，「自古沒有場外的畢人」喔！

存股小語 2

數大便是美

「數大便是美」一句源自於徐志摩的散文，意指平凡無奇如路邊小花、曠野小草，只要累積數量一大，自然能呈現壯闊的美感。

存股亦然，也許每年 5% 的獲利不起眼，一旦累積「本金夠大」時，5% 也能構成驚人的威力。以兆豐金為例，每張配 1.5 元現金股利，250 張兆豐金可得股利 37.5 萬元，能幫我們繳一年房貸；500 張兆豐金可得股利 75 萬元，足以支付一年開銷。只要「本大」，每年小小的 5% 現金流也能引領我們走向財務自由的未來。

「不敢放太多錢在股票上」是大家常有的心結。一般人對股市的刻板印象就是個賭場，所以絕大多數的人都只敢放一小部分的錢在股票，比如擁有存款 100 萬，最多只撥 20 萬元進來「玩玩」，賠掉就算了。投入股市本金小就罷了，卻又打著一本萬利的算盤，想賺「快錢」跟「以小博大」，不知不覺便踏上價差一途，可是高獲利往往伴隨著高風險，反而更容易賠光本金。然後又繼續惡性循環，視股市為洪水猛獸，大部分的資金只敢放在永遠追不上通膨的定存、儲蓄險。

在股市交易中，賺到價差 20% 已屬十分難得，若本金只有 20 萬，獲利 20% 充其量也才賺 4 萬元，且機會不是年年有，賺完這次，不知道下一次在哪裡？倘若將本金 80 萬買進優質股，每年領 5% 股利，也是賺得 4 萬元，卻易如反掌，只要公司營運正常，年年都領得到。

問題在於是大部分的人不敢把 80 萬丟進股市裡，金額一大，恐懼便生，怕股票下市，血本無歸。不過恐懼往往只是因為沒有認真思考過，或許靜下心來，試著去分析利弊得失，答案自然浮現。

若今日拿著 80 萬是去買夢想遠大於實際獲利的股票（如：康友），高股價沒有相對應的獲利、股利支撐，哪一天夢想的泡泡破了，的確容易令人血本無歸。然而如果 80 萬買的是元大高股息 ETF（0056），總不可能一夕之間 30 間公司全倒，或是買政府每年將其上繳股利編入預算的四大官股金控，銀行有事時，國庫收入也會受到牽連，政府難以置身事外，倒閉機率相對較低。

「水能載舟，亦能覆舟」，在股海浮沉雖有覆舟之危，如能善用正確的投資方式，水更有載舟之利，順勢能助我們一程，早日到達財務自由的彼岸。期望大家都可以解開對股市的心結，「加大資金投入部位」，勇敢打造自己的持股版圖。

存股小語 3

能讓自己「持續買進」就是最好的方法

通往成功的道路不只一條。
—— 攝於巴黎 凱旋門瞭望台。

登臨巴黎的凱旋門瞭望台，可以看見整座城市以此為中心，向外幅射出十二條林蔭大道。十九世紀時，由奧斯曼男爵大刀闊斧執行的「巴黎改造」計畫，拆除了擁擠髒亂的中世紀街區，修建了寬敞的街道、公園和廣場，讓這座歷史悠久的城市，有了現代化的整齊樣貌。

通往成功的道路不只一條

這十二條通往凱旋門的林蔭大道，讓我聯想到「殊途同歸」四個字，一件事儘管採用的方法不同，但最終都能收到同樣的效果。

達到目標的方式有千百種，有人喜歡走捷徑，有人喜歡曲折蜿蜒，有人喜歡埋首疾行，有人喜歡悠哉遊歷，不管選擇哪一條路，只要堅持走下去，終究能抵達目的地。我認為重要的不是走哪一條路，而是「有沒有在走」這件事。

定期定額或除息後買

常有粉絲困惑地詢問，買股到底是要「定期定額」，或跟小車一樣「除息後分批買進」？兩種方法看似截然不同，但以長期持有、多年複利的角度來看，結論完全一樣。要採取哪一個方法，端看你的個性較適合哪一種？

如果是比較容易受漲跌起伏影響、不太會抓買點的初學者，或者等了一整年低點還是買不下去的局外人，建議「定期定額」購買。交給不帶感情的 app 直接幫你扣款買下，既可遠離大盤不受漲跌影響，一年過後不知不覺已幫你用均價買齊了一籃子股票。

若是心情不易受股價影響，能嚴守紀律堅持買足規畫金額的人，或持有個股多年、對股價漲跌慣性瞭若指掌的老手，可以選擇「8 月除息後到 12 月之間分批買進金融股」。

　　假如還是不知道自己適合哪一種方式，可以先挑一個有興趣的來「執行」，再來慢慢「滾動式修正」。最忌諱在場外觀望多年，硬是要等一個極難達成的便宜價，卻始終一張也沒買的局外人。

重點在持續買進

　　存股注重累積張數領股利，而非買低賣高的價差操作。當然價格買得越低、殖利率越高，但便宜的價格可遇不可求，只要相對合理即可。每年規畫的金額要確實地持續買進，唯有大量累積張數才有改變現狀的可能。

　　有句俗諺：「不管黑貓白貓，能捉到老鼠就是好貓。」存股也一樣，不管是「定期定額」抑或「除息後買」，只要能讓自己「持續買進」就是最好的方法。

可以當一時的佃農，但不要當一輩子

關於投資獲利，曾聽到一個比喻，覺得貼切，分享給大家：

> 　　租地耕作的佃農，必須終年付出，在烈日下揮汗播種、插秧、施肥、除草。還要時時擔心蟲害、天氣，深怕辛苦的成果一夕化為烏有。
>
> 　　至於地主，什麼也不用做，甚至不需要知道怎麼耕田，不論天災或豐年，他都能坐領收成。地主與佃農，一個坐享其成，一個勞心勞力，是什麼造成他們如此巨大的差別呢？因為佃農靠「勞力」賺錢，地主靠「資產」賺錢。

　　一般受薪族在沒有資產之前，都是從佃農做起，以自己的勞力和時間換取報酬。然而，人一天的工作時間有限，工作年齡也不可能無限上綱，一旦到了動不了的年紀，又該如何自處？

不能當一輩子的佃農

　　我們可以當一時的佃農，但不要當一輩子的佃農。工作能幫我們累積錢財，但無法讓我們轉換身分，想轉換身分就必須「買進資產」。房地產和股票都是很好的資產，每當我們多買

進一份資產，代表我們又往地主的方向邁進了一步。

買房出租，不必工作就有房租收入；買進績優股，不用去那間公司上班，就能輕鬆領到盈餘分紅。房地產門檻較高，我們可以先從持有股票做起。持有台積電，不用天天爆肝參與研發，每季就有白花花的鈔票匯進帳戶；買進官、民營優質金控，不必管如何應對升息降息、提升業績，每年9月帳戶自動多一筆公司股利。

雙份收入或坐吃山空

股利再加上自己的本業薪水，除了擁有正規上班8小時的收入外，同時還有許多專業人士也在為我們的荷包打拚。花費相同時間，卻能兼得地主與佃農兩份收入，長久下去，想輸都難。

倘若一位上班族喜歡靠買賣資產賺取價差套現，沒有長期持有資產的觀念，他賴以生存的始終只有一份薪水，即便價差金額賺再多，沒有年年注入的資金活水，如此十年、二十年、三十年下去，總有坐吃山空的一天。一旦工作年資到了盡頭，既無本業收入，又無資產獲利，僅靠手上存款度日，晚年很難維持穩定的生活品質。

本業收入，加上持續買進資產，才能擺脫佃農人生。

5-2

摒除雜訊

　　如今各類資訊取得方便，卻也導致我們周遭充斥著許多真假難辨的新聞、莫衷一是的論點，看多了這些紛亂，很容易忘了原本買進的初衷。

　　因此，存股族是否擁有「摒除雜訊」的能力顯得相當重要，若能做到對雜訊充耳不聞，只專注觀察必要資訊（如：EPS、有無踩雷虧損、高層換人等），便可以保持平靜心態走下去。

存股小語 5

當個「聾青蛙」與「桃源人」

> 　　有一群青蛙在舉辦爬高塔的比賽，誰先爬上塔頂，誰就是贏家。比賽開始後，一群青蛙觀眾邊看邊大聲議論：「牠們絕對爬不到塔頂的……」、「塔太高了！不可能成功……」許多青蛙選手聽到後，紛紛半途放棄了。
>
> 　　唯獨有一隻青蛙不顧耳語越爬越高，當其他參賽者無法再前進的時候，牠成為唯一到達頂點的贏家。大家都很好奇牠是怎麼辦到的？
>
> 　　跑上前去詢問後，才發現原來牠是個「聾子」！

　　所謂「五色令人目盲，五音令人耳聾」，太多感官刺激和欲望，會使我們失去對本質的判斷能力。故事中得勝的青蛙，正因為耳聾聽不到雜音，反而能專心完成目標。現在網路資訊取得太方便，各類股票的 FB 社團、PTT 討論版多如牛毛，這些雜訊，很容易動搖我們邁向終點的決心。

　　連我這種從小耳濡目染看父親每年領股利的存股族，有時

都難免被新聞媒體炒作、社團討論動搖了，更何況是從零開始，身邊沒有家人支持、朋友相挺的存股伙伴們，這條路走起來該有多辛苦？

好不容易存個三、五年，明明帳戶匯來的股利就在眼前，庫存均價遠遠低於市價，仍還要被人嘲笑領股利是左手換右手，實在有夠無言。身在桃花源的我們，存股有多好，真是「不足為外人道也」。有緣領悟的人，歡迎加入這塊避世桃花源；無緣的任他在外追高殺低，繼續承受烽火襲擊。

當個「聾青蛙」與「桃源人」吧！適時隔絕外界不必要的紛擾，腳步會走得更堅定。只要方向正確，成功是必然的，只是或遲或早。

與大家共勉之！

存股猶如股市投資中的桃花源，它的好，真的是「不足為外人道也」！

——— 攝於法國 夏幕尼。

存股小語 6

以「宏觀角度」看漲跌

　　不敢存股的人，最常見的問題就是股災來了怎麼辦？辛苦買進的資產市值蒸發掉三分之一甚至一半，豈不是賺了股利賠了差價？我一律回答：飯照吃，日子照過，「不要賣」就好。不管有沒有閒錢或膽識加碼都無所謂，只要能做到「不賣」，已經能贏一半的人。

釐清下跌的原因

　　股票暴跌難免讓人心慌，我們需要釐清的是下跌的原因。若是單一公司獲利節節衰退，或是產業失去競爭優勢而下跌，原本持有的理由消失時，才需要多加正視、早日割捨。假如是大環境風暴導致整體股市下跌，就不用太擔心，只要公司「基本面正常」，下去的總會再爬回來。

拉長時間以宏觀的角度看漲跌

　　縱觀這 20 年股市，無論是 2008 年金融海嘯或 2020 年新冠肺炎股災，有哪一檔基本面正常的股票或 ETF（台積電、官四金、玉山金、0050、0056）還沒有爬回來？就算沒有完全爬回崩盤前的價格，金融股頂多差 1、2 元，而這些年領的股利早已超過差額了。

且別再提 30 年前金融股價格曾上千元的事，因為根據殖利率 5％的原則，股價 1000 元，股利只配 1.5 元的公司，殖利率才 0.15％，比定存還低，存股族是不會買的，自然也沒有機會看它跌。

蘇軾文中上帝的視角

　　蘇軾一直是我很欣賞的文學家，除了他洋溢的才情外，我更欣賞的是他曠達的思想，其作品總能帶領大家拋開眼前小處的不如意，往更宏觀的大局著眼。仕途不順的蘇軾，最慘曾被貶到海南島，面對眼前的困境，他曾在文章裡提了一個這樣的小比喻來寬慰自己：

　　有一盆水翻倒在地，波及一隻無辜的螞蟻，這隻螞蟻死命掙扎爬上漂浮在水面的小草求生，眼神絕望地看著這攤水，不知該如何才能逃出生天？過了不久，太陽出來，地上的水慢慢蒸發掉，螞蟻最終得救離開。返家途中遇到牠的同類，抱頭痛哭地說：「剛剛好險，我以為自己快死了，差一點不能再見到你們！」

　　螞蟻會感到這麼無助完全是執著於眼前的「困」，其實只

要時間一拉長，地上的水分蒸發乾，這天地之間到處都是四通八達的大道。

面對股市的波動亦然，我們不妨也使用蘇軾宏觀的角度來看，將時間拉長至 10 年、20 年、甚至 30 年，也許一時的漲跌起伏就不會如螞蟻眼中那麼可怕。時間一長，價格會還給績優股一個公道的。

總之，只要公司基本面正常，下去的總會再爬上來。

保有自己的定見

進入股市前要勤做功課，認識並了解買進的股票，不要總是靠「聽說」來買股，不去思考便盲目跟風，很可能會讓自己陷入絕境。下面分享一個因「聽說」而受害的寓言故事：

一對父子牽著一頭驢準備到市場賣掉。才走沒多久，就遇見一群小姑娘，說：「沒見過這麼笨的人，有驢不騎，寧願走路。」父親於是讓兒子騎驢，繼續往前走。

不久，遇到了一群老人，紛紛說：「這年輕人真不孝，讓老父走路，自己騎驢。」然後，父親讓兒子下來，自己騎上了驢背。

走著走著，又遇見一群女人和小孩，說：「這父親真殘忍，忍心讓孩子走路，自己騎驢。」父子倆人只好一起騎上驢背。當他們快抵達市場，一位先生對他們說：「你們怎麼能這樣虐待動物？」

這對父子無計可施，只好合力把驢子扛進城門。結

果還沒走到市集，父子倆已經累得半死，驢子也因為掙脫掉入河中溺斃。

故事中的父子，原本擁有一頭驢，卻毫無主見地任由路人擺布，最後不僅因愚昧失去驢子，也沒賣到錢。由此可知，太在意他人看法，反而會害了自己。

所謂「一犬吠形，百犬吠聲」，一隻狗看見影子叫起來，其他狗也跟著亂叫。在言論自由的年代，每個人都能發表自己的看法，新聞也會為了點擊率，斷章取義，下聳動的標題，報導內容卻不一定真實。許多不明就裡的人，看到標題就隨之起舞，跟著危言聳聽，因而恐慌拋售持股。

多研究、了解你的持股，對「持有」跟「賣出」都要有自己的定見，才能在這眾聲喧嘩的時代，當棵不動如山的大樹，而非一株隨風搖曳的韭菜。

八風吹不動

　　「八風吹不動，穩坐紫金蓮」是蘇軾寫來向佛印和尚炫耀，自己打坐的平靜心境已到了世間榮辱皆無法撼動的程度。如果能練就這種存股心態，不畏流言、漲跌不驚，相信長久下來，想輸都難。

　　除非公司基本面變差或營運持續走下坡，才需要考慮換股操作，不然一律將這金雞母抱緊抱好，每年才能坐領源源不絕的現金流。

存股小語 8

與持股保持「相忘於江湖」的距離

存股是以「長期持有領股利」為原則，只要是績優股，最好買了就忘，與持股保持「相忘於江湖」的距離。要相忘，投資的金錢來源便不能有負擔，因此使用「閒錢投資」是很重要的觀念。對我來說，有三種錢不能投入股市：

一、生活預備金

在存股前，必須先預備半年到一年生活備用金，放進定存（放活存容易不小心花掉）。萬一遇上失業、生病，急需用錢時，就靠這筆錢救援。投入股市的錢，也盡量不要動，因為這是每年現金流的來源，存股本金變少，股利也會變少。

二、自住房的頭期款

若規畫買自住房，且已經準備好要買房的情況下，千萬不要貿然投入頭期款存股。雖然短時間內不一定找得到心儀的房子，但買房很講究緣份，要是你的頭期款選擇在台積電 669 元時 all in，卻在跌到 591 元時找到心儀的房子，想必會相當扼腕吧！

三、銀行貸款

信貸 2％，股利 5％，看似有利可圖，但前提是股價不能大跌。一旦大跌套好套滿，賺了股利，賠了價差。股價低檔心情已經夠差了，若錢是貸款來的，還要邊套牢邊還利息，等待不知道何時才能爬回的股價。

所謂「關心則亂」，一個人過度關心某人或者某事，遇上任何風吹草動很容易自亂陣腳。投資動用這三種錢，須面對資金隨時有可能「召回」的壓力，萬一動用這筆錢時碰上股市低檔，市值蒸發三分之一，甚至二分之一，處於這種壓力下，極容易因恐慌而認賠殺出。

我們與持股的距離

同事 A 跟我分享她有一位迷糊的朋友在衣櫃裡找到一本舊存摺，裡面竟然有 10 萬元。我常想：這衣櫃裡的錢正是閒錢的最高境界，不論急用或想犒賞自己時都想不起來，因為根本完全忘記它。

假設當初這筆錢不是現金，而是價值 10 萬元的優質股，一樣買完後丟進衣櫃。過了 10 年再度翻出來時，經過 10 年的 5％複利，股票便默默成長到 16 萬，但前提就是要「忘在腦後」。因此用閒錢投資，資金沒有召回的壓力，才能做到買了它、忘

了它，然後真正擁有它。

　　莊子有句話說得好：「相濡以沫，不如相忘於江湖。」泉水乾涸，兩條魚困在陸地上，相互以唾沫濕潤對方來求生存，可惜這兩條魚終究難逃一死。畢竟魚真正需要的是江湖之水，而非相濡之沫。我們要與持股保持「相忘於江湖」的距離，各自悠游、彼此忘懷，如此股利才能領得長長久久。

相濡以沫，不如相忘於江湖，各自安好。

——— 攝於日月潭環湖步道。

優質股是資產，不是低買高賣的商品

我想來談談「持股」應有的心態。

當我們買進心目中的優質股，就是看準這間公司的獲利穩定、體質穩健，想要加入同享盈餘的行列。例如，你因緣際會加盟投資了一間餐廳，成為老闆之一，而這間餐廳多年來始終生意興隆，身為出資方的你自然也分得不少利潤。

想想看，那些上市櫃公司的大老闆，沒有人會整天進出買賣自己的持股來賺取價差。因為在老闆的心中，自己的公司是一種「資產」，而非低買高賣的商品。

小股民雖然微不足道，但也是花錢投資的小小老闆。心態正常的老闆，平日關注的不會是公司可以賣多少錢？什麼時候賣比較賺？而是關心公司的營運狀況，每年獲利是否能維持或成長？為什麼會發生虧損？如何避免再度發生？

所以我很少去看持股的未實現利益，只關注公司每月或每季的財報是否表現正常？能不能繼續與股東分享合理的利潤？我會以長期持有為目的，不會因為一次虧損或偶發狀況而退出，

更不可能因為網路上真假難辨的消息，或酸民不理性的負評而恐慌賣掉股票。

反之，若我觀察到該公司帳務交代不清楚、內部制度鬆散隨便、錯誤一犯再犯、獲利頻頻下滑又不思進取，才有可能跟它說再見。

因此，我們購買股票時會關注其「價格」，但持有時要關注其「價值」。現在，拋開未實現利益吧！回歸公司的基本面做研究，唯有深入了解你的持股，才會清楚什麼時候該「持有」，什麼時候該「退出」。

小車提醒

僅限優質股喔！

一動不如一靜，當複利發生時，請不要打擾

　　「勤奮」是東方人的美德，我們從小不斷接受「一分耕耘，一分收穫」、「天道酬勤」……等觀念洗禮，所以大家都習慣「付出才有收穫」的行為模式。不過，投資真的也是這樣嗎？

股票的刻版印象

　　受勤奮教育影響的我們，將工作得來的薪資視為正途，並把其他非勞力所得、帶有些許運氣成分的賺錢方式，通通視為旁門左道，如：買樂透、賭博、股票……等。甚至有人會將買股票和賭博劃上等號，歸類為非勞力所得。但不得不說在我心中，賺價差的行為確實跟賭博沒什麼兩樣。

存股是買進資產

　　股票投資的方式很多元，並非只有做價差一途，存股領股利即為一例。表面上看似買股票，但內涵上是買進一間公司，只進不出，長期持有（除非公司走下坡）。上市公司將整間公司切成上億等份，一份就是一張股票，買進股票等於買進公司的一部分（雖然一份超奈米）。換句話說，股票和房子一樣是資產，既非樂透彩券，亦非刮刮卡。

　　領股利就是公司賺了錢，按照股東持有比例進行分紅。如

同一名老闆出錢、出設備、請工讀生，雖然沒付出勞力，但扣除所有開銷後，老闆當然是最終獲利者。不過，沒有人會說老闆賺錢是賭博，卻認為買股票是投機，存股族跟「股票」沾上邊，卻得承擔這種莫須有的罪名。一般人不相信存股能賺錢，只因為我們大部分是受薪階層，還不習慣當老闆而已。

質疑存股的兩種人

質疑存股的人通常有兩個極端，一種不相信買了股票，什麼都不用做就可以一直領錢，堅信天下沒有白吃的午餐。另一種是如果什麼都不做都能賺到錢，那多做一點不就賺更多，因而開始頻繁進出股市，覺得有在買賣、付出時間和精力，在刀口上舔血賺到的價差，才能令自己安心。殊不知挺而走險的方法，到最後可能比什麼都不做的人還慘。

一分耕耘不等於一分收穫

投資向來不是一分耕耘一分收穫，大部分情況反而是一「動」不如一「靜」。就和中國山水畫強調「留白」的意境一般，努力畫好畫滿，只會顯得凌亂不堪。在股市交易中，我們要做的是「畫龍點睛」而非「畫蛇添足」，只須畫上關鍵的一筆「買進股票，長期持有」即可，不必整日忙進忙出，徒增敗筆。

當複利發生時，請不要去打擾它。

堅持去做對的事

　　存股相當考驗定性，一般人很容易犯下「掘井之人」（如上圖）的毛病，明明已經在做對的事，卻欠缺耐心，才挖幾下便輕易放棄，尋找下一個目標。殊不知只要再堅持一下下，就

能得到想要的結果。

　　每次旁觀散戶不斷上演追高殺低的戲碼，比方說：2021 年 1 月賣 28 元的兆豐金去追 670 元的台積電，8 月除息前又賣 590 元的台積電買回 33 元的兆豐金。這是何苦呢？我認為面對起伏不定的股價，「以不變應萬變」才是最好的方法。

　　倘若選擇從 1 ～ 8 月都「不動」，不僅能留下同樣張數的兆豐金，且均價還能維持在 28 元。而多做那些殺低又追高買回的操作，不僅賠了賤賣的價差，還一口氣把均價拉高到 33 元。前一陣子航海王正盛時，又有人喊出「賣積（台積電）求榮（長榮）」的口號，盲目跟隨的人，殊不知已一腳踏入股票炒作的深水中。

　　這種操作，就和圖中的掘井行為一樣，挖了一個兆豐金，又跑去挖台積電，然後再去挖長榮。「羅馬不是一天造成的」，投資要有耐心，這樣東挖挖西挖挖，根本是浪費時間、精力和金錢。當初若堅持只挖第一個洞，現在早已喝到井中之水了！

如何確定挖對洞？

　　或許有人會說這是「旁觀者清，當局者迷」，天曉得傻傻挖到底有沒有泉水？若篤定地下一定有水，任何人都會堅持挖

到底呀！那麼，我們如何知道該選擇哪個洞呢？答案是：觀察「基本面」。只要公司符合我們的選股策略，能持續帶來穩定甚至是成長的獲利，這個洞就值得繼續挖下去。請關注個股的「價值」，而非個股的價格。

戲臺下等久了就是你的

所謂「三十年河東，三十年河西」，所有股票都是外資輪流炒作的對象，一月電子、四月航海、年底金融……，我們只須專注累積自己選擇的股票，不隨波逐流，「戲臺下等久了就是你的」。反之，一直追逐風口浪尖，只是讓自己永遠套在山頂上，且不斷換股還會導致持股成本變高，要等更久的時間才能解套。

既然做好選擇，就堅持下去吧！

存股小語 12

飛機起飛了，你要去哪？

存金融股的複利效果至少要三年才能有所成，張數方面，兆豐、玉山約 20 張，而合庫、華南約 30 張的股利，等於小資族一個月的薪水，存股能「每年」替自己加薪一個月，領到股利才會開始有感。任何成功並非一蹴可幾，需要耐心給予時間累積能量、打下穩固基礎。

如同飛機必須在跑道上加速一段距離後才能起飛。投資者若每次都在飛機加速時買進，準備起飛時賣出，賺取中間加速的小價差。然後再找下一台尚未起飛的飛機買進，趕在起飛前跳下獲利了結。頻繁地上機下機，辛勞奔波，這輩子恐怕無緣翱翔天空，領略俯瞰大地的遼闊之美。

不過，另一種人更可惜，天天在場外看飛機起降，卻始終不願購買機票搭乘。成天怨艾自己機運不好，沒有搶到便宜機票，殊不知在等待的過程中，其他人早已搭機去國外好幾趟，而看飛機的人始終停留在原地，等待一個遙遙無期的時機。一動不如一靜，以逸待勞，買進優質股並長期持有，不交易不等於對投資不用心，而是深思熟慮之後的選擇。請不要輕易中斷複利，不必頻繁尋找時間跳下飛機，只須繫好安全帶好好享受這趟旅行即可。

存股，就是這麼的 「樸實無華」

存股不外乎用心找到好標的、存錢買股、緊抱不放，然後坐領股息。不必學習技術分析、打聽內線消息、追高殺低，就能每年為自己賺取一筆穩定的被動收入。

沒錯，存股就是如此「樸實無華」，儘管簡單無趣，但輕鬆管用。

存股小語 13
一招足夠走遍天下

　　一位少年失去了左手臂，想學柔道，但這個缺陷讓他屢屢被拒於門外。直到遇上一位視他為珍寶的教練，願意收他為徒。少年非常勤奮、日日練習基本功，終於等到可以學習招式的日子，教練只教了他一招，要他好好練習。

　　少年很快練成，央求學習新招式，不料教練卻說：「你跟其他人不一樣，只要把這一招練一千遍、一萬遍，練到像反射動作一樣流暢就夠了，不用學其他招式。」然後轉身去教其他學徒。

　　少年看著其他擁有雙臂的學生練了第二招、第三招、第四招 ......，不免暗自啜泣，認為教練嫌棄自己的獨臂，才不肯多教其他招式，但因為感念教練收留，決定聽從建議，從早到晚只練這一招。

　　轉眼間，到了比賽的日子，教練也有幫獨臂少年報名。原本不被看好的少年，卻奇蹟似地一路從預賽過關斬將，獲得比賽冠軍，成為最大黑馬。

少年看著獎牌，心中覺得不可思議，他從頭到尾只用了一招，為什麼能擊敗眾多好手呢？教練語帶神秘地說：「這是我為你量身打造的招式，而且只有你能用，因為破解的方式只有一個，就是抓住對方的左手臂，而你恰巧沒有左手。」

存股也一樣，必須先了解自己的優劣勢，選擇股性相合的優質股，才能為自己打造一套買進獲利公式：

月存閒錢 ➡ 除息買進 ➡ 逢低加碼 ➡ 讓子彈飛 ➡ 坐領股利

1、月存閒錢：每月將投資的閒錢匯入證券戶。

2、除息買進：除息日當天及之後分批買進。

3、逢低加碼：遇到相對低點就買，最晚在股利公告（3月）前買完當年應投入的資金。

4、讓子彈飛：作壁上觀，看人抬轎。

5、坐領股利：耐心等候，股利進帳。

招式不必多，只要熟練一招，持之以恆，便能輕鬆在股海收穫財富。

存股小語 14

存股，就是恬恬吃三碗公

有時候，比起賺價差，存股就是樸實到明明賺到錢，也很難向人吹噓什麼。

比方說，同樣投資賺到 5 萬元。用 20 萬本金在 10 天內賺到 5 萬元，可以讓人吹噓一整年（不論背後賠掉了多少）。用 100 萬本金持有優質股票，一年領了 5 萬元股利，卻很難啟齒，說了搞不好還會被人笑說用 100 萬等了一年才賺 5 萬元。

的確，存股不需要什麼華麗的技術面操作，也沒有什麼太高的投資報酬率，就像圖上左邊的兔子一樣，明明蘿蔔養這麼大，還要被同伴嘲笑蘿蔔葉太少。

　　但我認為真實人生中，能吃的蘿蔔比外在虛榮重要。即便用 20 萬 10 天賺 5 萬價差，但這種本金少、高報酬的機會可遇不可求。至於 100 萬放一年賺 5 萬，看起來雖然有點傻，但只要公司營運正常，這 5 萬元不用求神拜佛，年年都會匯進我的戶頭裡。

　　麥帥說得好：「真實偉大的樸實無華」，真正的偉大都是蘊藏在樸實的外表之中，只要我們維持好心態，不必殺進殺出，譁眾取寵，把一切交給時間複利即可。「桃李不言，下自成蹊」，等待樹苗長成大樹、結實纍纍的一日，仰望之人便會紛紛不請自來。

5-5

存股，不要過度自苦

　　大家都知道存股越早開始越好，本金也越雄厚越好。一般上班族，想要累積雄厚的資本，不外乎「開源節流」。若薪資調整幅度有限，那就只剩下「節流」一條路了。下面想來談談「節流」的態度。

　　所謂「水至清則無魚，人至察則無徒」，意指水太清澈，魚就無法生存；對人太苛刻，身邊就沒有朋友。對存股的自我要求也一樣，不要過度自苦。

　　以前的我為了快速累積張數，設定了過高的每月買股金額，因而擠壓到其他花用。雖然薪水扣除基本生活和家庭所需勉強能達標，但我過得一點也不開心，每次想吃點好料、買件衣服，都會因為顧慮預算有限而作罷！

如此過了一年，我突然領悟，存股需要持續十幾年，甚至到退休，這種預算緊繃、沒有品質的生活會讓我走不下去。

　　於是，我下修每個月挪去存股的金額，設法在存股與生活之間取得平衡，保留一點平凡的小確幸，不過度自苦，才能一路走到現在。

　　如果你也在為節流而努力，別忘了存股雖然放眼未來，但人生中的每個當下也很重要，不要忙於奔赴目的地，而忽略了身旁的美景。

　　若你原本是每天都要吃消夜或喝星巴克的人，也不必為了存股，取消所有的消夜和星巴克，而是改成一星期或半個月吃一次，為生活保留一點小確幸。假如你很極端的斷絕全部享受，勉強撐了幾個月就因為太苦而放棄，豈不是因小失大？

　　試著找到讓自己感到舒服的存股節奏吧！

■ 結　語

我心目中的財務自由

　　一般而言，投資理財的終極目標不外乎財務自由，讓退休生活寬綽無虞。因此，財務自由最具體的定義是在「金錢」上，存股若能做到「股利收入最差的一年都足以支付全年生活費」，基本上就等同於達標了。至於生活費和嚮往的物質條件要多少才夠，便因人而異。

　　不過除了「金錢」上的定義，我覺得「心態」上也要能「知足」，才是放過自己的真自由。

　　有句成語叫「塵務經心」，「經」是指「纏繞」，我覺得這個字很精準，沉迷於追名逐利，俗務便容易「纏繞」於心。財富是永遠賺不完的，關鍵在於心能不能「滿足」、「知止」。
　　若知足，只要基本生活不虞匱乏，一年還可以跟家人去一趟小旅行，便足矣。若無法知足，即便是全球首富，也不免淪

為金錢的奴隸。賺了一千萬就會想要賺兩千萬，賺了兩千萬就會想要賺五千萬、一億、五億、十億……。

我常常想，巴菲特都已經 90 歲了，每年還要在波克夏股東會上報告、接受眾人的質詢，除非是對股票投資有不可切割的狂熱，不然在我心中，還是稱不上真正的財務自由，畢竟仍有太多俗務糾纏，要對太多人負責，無法真正放下。

王維是少數一生順遂的文人代表。官拜右丞相，宦海 40 年，沒被批鬥暗害、貶官下獄，年紀大了便告老還鄉，在山中過著閒雲野鶴的生活。其詩中：

> 行到水窮處，坐看雲起時。
> 偶然值林叟，談笑無還期。

展現的是真悠閒的隨興。在山間信步閒晃，到了溪水盡頭，似乎再無路可走，便索性坐下，仰望天上浮雲的變幻。偶然在林間遇見鄉村父老，與他聊天、說笑，不知不覺忘了返家的時間。

我特別嚮往詩裡「談笑無還期」的生活，可以盡情談天說地，不用被一堆待辦事項纏繞追趕，這種心無罣礙的悠閒才是真正的財務自由。

放眼未來，別忘了珍惜當下

　　理財投資要趁早開始，但也別為了數十年後的未來，太過虧待當下的自己。眺望遠方的同時，別忘了用心經營家庭、工作、朋友，以及自己的興趣生活，認真感受並欣賞人生沿途的好風景，以免老來驀然回首，腦海一片空白，即便獲得了財務自由，也窮得只剩下錢。

　　《伊索寓言》中有一則螞蟻與蚱蜢的故事：

　　　炎炎夏日，螞蟻們費力將一批又一批的食物搬回洞穴儲存起來，而蚱蜢卻在旁邊歡唱高歌，對螞蟻儲糧的行為不以為然，只想盡情享受夏日的美麗時光。

　　　秋天了，螞蟻仍然像機械一樣成日工作，生活沒有樂趣可言，而蚱蜢依舊奉行及時行樂。

　　　冬天了，螞蟻們在洞穴裡，有充足的食物，溫暖的家園，他們可以唱歌跳舞，至於蚱蜢，只能在凜冽的寒風中，飢餓而亡。

人人歌頌故事裡螞蟻的辛勤，並將蚱蜢的懶惰引以為戒。不過就我看來，螞蟻跟蚱蜢都太過極端了。螞蟻的未雨綢繆是很好，但一味埋頭苦幹，不懂得享受當下，萬一無常比冬天先到，豈不可惜？

　　若螞蟻在辛勤工作之餘，偶爾停下腳步，偷嚐一下搬運的甜食，品一口夏日沁涼的溪水，秋日時，偶爾休息一日，靜靜感受涼爽微風的吹拂，隨蚱蜢一同行樂。或許工作進度會慢一些，但只要儲存糧食的大方向不變，兩全齊美不是更好嗎？

　　存股雖是放眼未來，但人生的每個當下也很重要，不要為了忙於奔赴目的地，而忽略了身旁的小確幸。

　　感恩並珍惜人生每個當下的美好！

致 人生每個當下的美好！
—— 攝於法國聖馬洛
　　當地著名的蘋果酒。

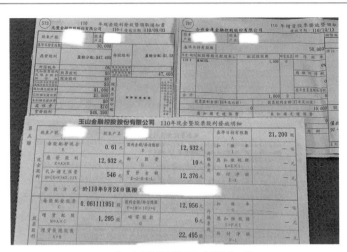

2021年金融股的股利通知書。

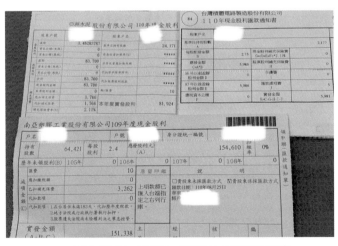

2021年台積電、南亞、亞泥的股利通知書。

筆數:16(頁次 1/1)

商品	交易別	股數	價格	投資成本	現價	帳面成本	股票市值	利息	帳面收入	損益	損益率%	日期
亞泥	普買	72	37.8	2,724	44.3	2,724	3,189.6	0	3,176	+452	+16.5932%	2013/08/28
亞泥	普買	2,000	38	76,108	44.3	76,108	88,600	0	88,209	+12,101	+15.8998%	2015/03/11
亞泥	普買	2,000	38.15	76,408	44.3	76,408	88,600	0	88,209	+11,801	+15.4447%	2015/03/20
亞泥	普買	1,000	35.05	35,099	44.3	35,099	44,300	0	44,105	+9,006	+25.6589%	2015/07/09
亞泥	普買	1,000	35.05	35,099	44.3	35,099	44,300	0	44,105	+9,006	+25.6589%	2015/07/09
亞泥	普買	1,000	35	35,049	44.3	35,049	44,300	0	44,105	+9,056	+25.8381%	2015/07/09
亞泥	普買	1,000	28.7	28,740	44.3	28,740	44,300	0	44,105	+15,365	+53.4621%	2017/05/10
亞泥	普買	1,000	28.85	28,891	44.3	28,891	44,300	0	44,105	+15,214	+52.6600%	2017/05/10
亞泥	普買	1,000	28.15	28,190	44.3	28,190	44,300	0	44,105	+15,915	+56.4562%	2017/05/12
亞泥	普買	1,000	27.7	27,739	44.3	27,739	44,300	0	44,105	+16,366	+59.0000%	2017/05/17
亞泥	普買	1,000	27.9	27,939	44.3	27,939	44,300	0	44,105	+16,166	+57.8618%	2018/03/0
亞泥	普買	1,000	27.75	27,789	44.3	27,789	44,300	0	44,105	+16,316	+58.7139%	2018/03/0
亞泥	普買	1,000	39.7	39,756	44.3	39,756	44,300	0	44,105	+4,349	+10.9392%	2018/07/2
亞泥	其它轉入	8,928	0	0	44.3	0	395,510.4	0	394,947	--	394,947	2013/06/26

橘框為自己於 2018 年買進部分（亞泥）。

商品	交易別	股數	價格	投資成本	現價	帳面成本
南亞	普買	1,000	63.5	63,590	85.1	63,590
南亞	普買	1,000	63.2	63,290	85.1	63,290
南亞	普買	1,000	61	61,086	85.1	61,086
南亞	普買	1,000	72.5	72,603	85.1	72,603
南亞	普買	1,000	71.4	71,501	85.1	71,501
南亞	普買	1,000	70.9	71,001	85.1	71,001
南亞	普買	1,000	76.1	76,208	85.1	76,208
南亞	普買	1,000	75	75,106	85.1	75,106
南亞	普買	1,000	72.5	72,603	85.1	72,603
南亞	普買	1,000	55.8	55,879	85.1	55,879

橘框為自己於 2019、2020 年買進部分（南亞）。

合併預估總損益:+148,760
筆數:261(頁次 1/9)

商品	交易別	股數	價格	投資成本	現價	帳面成本	股票市值	利息	帳面收入	損益	損益率%	日期
台積電	普買	58	442.5	25,702	590	25,702	34,220	0	34,070	+8,368	+32.5578%	2020/08/26
台積電	普買	50	446	22,331	590	22,331	29,500	0	29,370	+7,039	+31.5212%	2020/08/27
台積電	普買	1,000	438.5	439,124	590	439,124	590,000	0	587,390	+148,266	+33.7640%	2020/08/28
台積電	普買	20	440	8,812	590	8,812	11,800	0	11,749	+2,937	+33.3295%	2020/10/29
台積電	普買	20	432	8,652	590	8,652	11,800	0	11,749	+3,097	+35.7952%	2020/11/02
台積電	普買	10	489.5	4,901	590	4,901	5,900	0	5,875	+974	+19.8735%	2020/11/18
台積電	普買	10	514	5,147	590	5,147	5,900	0	5,875	+728	+14.1442%	2020/12/11
台積電	普買	5	509	2,548	590	2,548	2,950	0	2,938	+390	+15.3061%	2020/12/11
台積電	普買	5	506	2,533	590	2,533	2,950	0	2,938	+405	+15.9889%	2020/12/15
台積電	普買	5	551	2,758	590	2,758	2,950	0	2,938	+180	+6.5265%	2021/01/06
台積電	普買	10	550	5,507	590	5,507	5,900	0	5,875	+368	+6.6824%	2021/01/06
台積電	普買	5	549	2,748	590	2,748	2,950	0	2,938	+190	+6.9141%	2021/01/06
台積電	普買	5	579	2,899	590	2,899	2,950	0	2,938	+39	+1.3453%	2021/01/08
台積電	普買	10	579	5,798	590	5,798	5,900	0	5,875	+77	+1.3280%	2021/01/08
台積電	普買	10	577	5,778	590	5,778	5,900	0	5,875	+97	+1.6788%	2021/01/08
台積電	普買	5	582	2,914	590	2,914	2,950	0	2,938	+24	+0.8236%	2021/01/08
台積電	普買	3	580	1,742	590	1,742	1,770	0	1,763	+21	+1.2055%	2021/01/11
台積電	普買	2	580	1,161	590	1,161	1,180	0	1,176	+15	+1.2920%	2021/01/11
台積電	普買	5	579	2,899	590	2,899	2,950	0	2,938	+39	+1.3453%	2021/01/11
台積電	普買	2	591	1,183	590	1,183	1,180	0	1,176	-7	-0.5917%	2021/01/12
台積電	普買	1	598	599	590	599	590	0	588	-11	-1.8364%	2021/01/13
台積電	普買	2	594	1,189	590	1,189	1,180	0	1,176	-13	-1.0934%	2021/01/14
台積電	普買	2	595	1,191	590	1,191	1,180	0	1,176	-15	-1.2594%	2021/01/14
台積電	普買	2	595	1,191	590	1,191	1,180	0	1,176	-15	-1.2594%	2021/01/14
台積電	普買	2	595	1,191	590	1,191	1,180	0	1,176	15	1.2594%	2021/01/14
台積電	普買	2	617	1,235	590	1,235	1,180	0	1,176	-59	-4.7773%	2021/01/15
台積電	普買	2	614	1,229	590	1,229	1,180	0	1,176	-53	-4.3124%	2021/01/15

自 2020 年開始分批布局台積電
（共 9 頁，以一張示意）。

給存股新手的財富翻滾筆記：

最適合小資族的「金融股 543 規律」，用薪水 4 萬輕鬆打造年收股息 20 萬！

作者：小車 X 存股實驗；責任編輯：高佩琳；封面設計：FE 設計；內頁排版：鏍絲釘

幸福文化出版社
總 編 輯：林麗文
主　　編：林宥彤、高佩琳、賴秉薇、蕭歆儀
執行編輯：林靜莉
行銷總監：祝子慧
行銷企劃：林彥伶

出　　版：幸福文化出版社/遠足文化事業股份有限公司
地　　址：231 新北市新店區民權路 108-3 號 8 樓
粉 絲 團：https://www.facebook.com/happinessnbooks/
電　　話：(02) 2218-1417
傳　　真：(02) 2218-8057
法律顧問：華洋法律事務所 蘇文生律師
印　　製：通南彩色印刷有限公司

團體訂購另有優惠，請洽業務部：
(02) 2218-1417 分機 1124

發　　行：遠足文化事業股份有限公司
郵撥帳號：19504465
網　　址：www.bookrep.com.tw
客服信箱：service@bookrep.com.tw
客服專線：0800-221-029
初版一刷：西元 2022 年 3 月
初版三十一刷：西元 2024 年 6 月
定　　價：380 元
ISBN：978-626-7046-48-7（平裝）
ISBN：978-626-7046-50-0（EPUB）
ISBN：978-626-7046-51-7（PDF）

國家圖書館出版品預行編目 (CIP) 資料

給存股新手的財富翻滾筆記 ：最適合小資族的「金融股 543 規律」，用
薪水 4 萬輕鬆打造年收股息 20 萬！ / 小車 X 存股實驗著． -- 初版． --
新北市 ： 幸福文化出版社出版 ：
遠足文化事業股份有限公司發行，2022.03
面 ； 公分． --（富能量 ；34）
ISBN 978-626-7046-48-7(平裝)

1.CST: 股票投資 2.CST: 投資技術

563.53 　　　　　　　　　　　　　　　111001918